中华人民共和国行业推荐性标准

公路工程混凝土结构耐久性设计规范

Code for Durability Design of Concrete Structures
in Highway Engineering

JTG/T 3310—2019

主编单位：苏交科集团股份有限公司
批准部门：中华人民共和国交通运输部
实施日期：2019 年 09 月 01 日

人民交通出版社股份有限公司

律师声明

本书所有文字、数据、图像、版式设计、插图等均受中华人民共和国宪法和著作权法保护。未经人民交通出版社股份有限公司同意，任何单位、组织、个人不得以任何方式对本作品进行全部或局部的复制、转载、出版或变相出版。

本书封面贴有配数字资源的正版图书二维码，扉页前加印有人民交通出版社股份有限公司专用防伪纸。任何侵犯本书权益的行为，人民交通出版社股份有限公司将依法追究其法律责任。

有奖举报电话：(010) 85285150

北京市星河律师事务所

2020 年 6 月 30 日

图书在版编目（CIP）数据

公路工程混凝土结构耐久性设计规范：JTG/T 3310—2019 / 苏交科集团股份有限公司主编. — 北京：人民交通出版社股份有限公司, 2019.6
ISBN 978-7-114-15635-9

Ⅰ.①公… Ⅱ.①苏… Ⅲ.①道路工程—水泥混凝土路面—设计规范—中国 Ⅳ.①U416.216-65

中国版本图书馆 CIP 数据核字（2019）第 117892 号

标准类型：中华人民共和国行业推荐性标准
标准名称：公路工程混凝土结构耐久性设计规范
标准编号：JTG/T 3310—2019
主编单位：苏交科集团股份有限公司
责任编辑：丁　遥
责任校对：赵媛媛
责任印制：张　凯
出版发行：人民交通出版社股份有限公司
地　　址：(100011) 北京市朝阳区安定门外外馆斜街 3 号
网　　址：http://www.ccpress.com.cn
销售电话：(010) 59757973
总 经 销：人民交通出版社股份有限公司发行部
经　　销：各地新华书店
印　　刷：北京市密东印刷有限公司
开　　本：880×1230　1/16
印　　张：5
字　　数：109 千
版　　次：2019 年 6 月　第 1 版
印　　次：2023 年 12 月　第 4 次印刷
书　　号：ISBN 978-7-114-15635-9
定　　价：50.00 元

（有印刷、装订质量问题的图书，由本公司负责调换）

中华人民共和国交通运输部

公 告

第 38 号

交通运输部关于发布
《公路工程混凝土结构耐久性设计规范》的公告

现发布《公路工程混凝土结构耐久性设计规范》(JTG/T 3310—2019)，作为公路工程行业推荐性标准，自 2019 年 9 月 1 日起施行，原《公路工程混凝土结构防腐蚀技术规范》(JTG/T B07-01—2006) 同时废止。

《公路工程混凝土结构耐久性设计规范》(JTG/T 3310—2019) 的管理权和解释权归交通运输部，日常解释和管理工作由主编单位苏交科集团股份有限公司负责。

请各有关单位注意在实践中总结经验，及时将发现的问题和修改建议函告苏交科集团股份有限公司（地址：江苏省南京市江宁科学园诚信大道 2200 号，邮政编码：211112）。

特此公告。

中华人民共和国交通运输部
2019 年 5 月 27 日

交通运输部办公厅　　　　　　　　　　　　　　　　2019 年 5 月 29 日印发

前 言

根据交通运输部厅公路字〔2010〕132号文《关于下达2010年度公路工程标准制修订项目计划的通知》的要求，由苏交科集团股份有限公司（原江苏省交通科学研究院股份有限公司）联合相关单位共同承担《公路工程混凝土结构耐久性设计规范》的制定工作。

鉴于《公路工程混凝土结构防腐蚀技术规范》（JTG/T B07-01—2006）已不能适应时代发展的需要，为更好地规范和指导公路工程混凝土结构耐久性设计，特编制本规范，以取代原有规范。

在编制过程中，编写组广泛调研了国内外混凝土结构耐久性设计、寿命预测研究的成果，参考、借鉴了国内外相关的标准规范，结合我国近年来的工程实践经验，并就耐久性设计中的若干关键点开展了"设计使用年限和耐久性设计方法"的专题调查研究以及不同环境类别下多种桥型的试设计工作。先后完成了初稿、征求意见稿和送审稿，并以多种方式在全国范围内广泛征求意见，经反复讨论、修改，最终由交通运输部主管部门会同有关部门审查定稿。

本规范共包括8章和1个附录，主要内容为：总则、术语和符号、基本规定、环境、材料、桥涵、隧道、防腐蚀附加措施，附录为：给定设计使用年限的保护层厚度计算方法。

本规范由苏交科集团股份有限公司负责起草第1章至第5章，东南大学负责起草第6、7章，中交公路规划设计院有限公司负责起草第8章。

本规范由交通运输部负责管理，由苏交科集团股份有限公司负责具体技术内容的解释。为提高本规范质量，请各有关单位在执行过程中，将发现的问题和意见，函告本规范日常管理组，联系人：张建东（地址：江苏省南京市江宁科学园诚信大道2200号，邮编：211112，电话：025-86576854，传真：025-86576666，电子邮箱：zjd1302@jsti.com），以便修订时参考。

主 编 单 位：苏交科集团股份有限公司
参 编 单 位：东南大学
　　　　　　　中交公路规划设计院有限公司
　　　　　　　交通运输部公路科学研究院

主　　　　编：	张建东
主要参编人员：	刘　钊　　韩依璇　　赵君黎　　梁新政　　刘冠国
	贺志启　　李文杰　　张云升　　王景全
主要审查人员：	张劲泉　　金伟良　　陈艾荣　　赵铁军　　牛荻涛
	程崇国　　孙红尧　　杨耀铨　　田　波　　陈惠苏
	黄　侨　　任回兴　　史方华　　马芹纲　　韩大章
	王中文　　吉　林　　朱永全　　任胜健　　钟明全
参加人员：	冯　苠　　张国荣　　仝　腾　　李毓龙　　刘　朵
	孟　畅

目　次

1 总则 ·· 1
2 术语和符号 ·· 2
  2.1 术语 ·· 2
  2.2 符号 ·· 4
3 基本规定 ·· 5
4 环境 ·· 10
  4.1 一般规定 ·· 10
  4.2 环境类别与作用等级 ·· 10
  4.3 一般环境 ·· 12
  4.4 冻融环境 ·· 13
  4.5 近海或海洋氯化物环境 ··· 14
  4.6 除冰盐等其他氯化物环境 ··· 15
  4.7 盐结晶环境 ·· 16
  4.8 化学腐蚀环境 ··· 18
  4.9 磨蚀环境 ·· 20
5 材料 ·· 22
  5.1 一般规定 ·· 22
  5.2 原材料 ··· 22
  5.3 混凝土 ··· 24
  5.4 水泥基灌浆材料 ·· 29
6 桥涵 ·· 31
  6.1 一般规定 ·· 31
  6.2 钢筋的混凝土保护层 ·· 32
  6.3 裂缝控制 ·· 34
  6.4 构造措施 ·· 35
  6.5 后张预应力混凝土桥梁 ··· 37
  6.6 预制拼装混凝土桥涵 ·· 40
7 隧道 ·· 42
  7.1 一般规定 ·· 42
  7.2 钢筋的混凝土保护层 ·· 42
  7.3 裂缝控制 ·· 43

7.4 构造措施 ·· 44
8 防腐蚀附加措施 ·· 46
  8.1 一般规定 ·· 46
  8.2 涂层钢筋或耐蚀钢筋 ·· 47
  8.3 钢筋阻锈剂 ·· 49
  8.4 混凝土表面处理 ·· 50
  8.5 透水模板衬里 ·· 52
  8.6 电化学保护 ·· 52
附录A 给定设计使用年限的保护层厚度计算方法 ·· 54
本规范用词用语说明 ·· 72

1 总则

1.0.1 为指导公路工程混凝土结构耐久性设计，提高公路工程混凝土结构的耐久性能，制定本规范。

1.0.2 本规范适用于考虑环境作用影响的公路工程混凝土结构的耐久性设计。涉及的环境作用包括：碳化、冻融循环、氯盐侵蚀、硫酸盐结晶膨胀、化学物质腐蚀和摩擦、切削、冲击等磨蚀。

条文说明

环境作用是引起公路工程混凝土结构性能劣化的主要因素。鉴于疲劳、振动等力学作用，以及生物、辐射和电磁作用对混凝土结构性能劣化的影响研究尚不成熟，本规范暂不纳入。

1.0.3 公路工程混凝土结构设计应包含基于荷载作用的结构设计和考虑环境作用的结构耐久性设计。

1.0.4 公路工程混凝土结构耐久性设计，应根据结构的设计使用年限、结构所处的环境类别及作用等级，确定材料耐久性指标、减轻环境作用效应的结构构造措施、防腐蚀附加措施等。

1.0.5 公路工程混凝土结构耐久性设计除应符合本规范的规定外，尚应符合国家和行业现行有关标准的规定。

2 术语和符号

2.1 术语

2.1.1 结构耐久性　structural durability
在设计确定的环境作用和维护、使用条件下，结构及其构件在设计使用年限内保持其安全性和适用性的能力。

2.1.2 环境作用　environmental actions
引起结构材料性能劣化或腐蚀的物理、化学或生物等环境因素对结构的作用。

2.1.3 环境作用等级　environmental action grade
根据环境作用对混凝土及结构破坏或腐蚀程度的不同而划分的若干级别。

2.1.4 设计使用年限　design service life
在正常设计、正常施工、正常使用和正常养护条件下，桥涵、隧道结构或结构构件不需要进行大修或更换，即可按其预定目的使用的年限。

2.1.5 耐久性极限状态　durability limit states
对应于结构或结构构件在环境影响下出现的劣化达到耐久性能的某项规定限制或标志的状态。

2.1.6 胶凝材料　binder
混凝土原材料中具有胶结作用的硅酸盐水泥和粉煤灰、硅灰、磨细矿渣等矿物掺合料的总称。

2.1.7 水胶比　water to binder ratio
混凝土拌合物中用水量与胶凝材料总量的质量比。

2.1.8 混凝土抗冻耐久性指数　concrete freeze-thaw resistance factor（DF）
混凝土经规定次数快速冻融循环试验后，用标准试验方法测定的动弹性模量与初始动弹性模量的比值。

2.1.9 劣化 degradation

材料性能随时间的衰减变化。

2.1.10 大掺量矿物掺合料混凝土 concrete with high volume mineral admixture

胶凝材料中含有较大比例的粉煤灰、硅灰、磨细矿渣等矿物掺合料的混凝土。单掺粉煤灰或硅灰时，其掺量≥30%；单掺磨细矿渣时，其掺量≥50%；复掺时，掺量之和≥50%。

2.1.11 混凝土保护层厚度 concrete cover thickness

混凝土构件中钢筋最外缘到混凝土表面的距离。

2.1.12 氯离子扩散系数 diffusion coefficient of chloride ion

描述混凝土孔隙水中氯离子从高浓度区向低浓度区扩散过程的参数。

2.1.13 涂层钢筋 coated bar/epoxy coated steel bar

主要是指环氧涂层钢筋，是将热固性环氧树脂、固化剂及其他添加料以粉末形式喷涂到已加热的钢筋表面上，熔融固化后在钢筋表面形成附着牢固的连续涂层。

2.1.14 耐蚀钢筋 corrosion resistance bar

在碳素钢中加入适量的一种或几种耐腐蚀合金元素，如 Cr、Ni 等，使其具有耐腐蚀性能，主要包括低合金耐蚀钢筋和不锈钢钢筋。不锈钢钢筋中的铬含量至少为 10.5%，碳含量不超过 1.2%。低合金耐蚀钢筋是指合金元素总量不超过 5% 的钢筋。

2.1.15 钢筋阻锈剂 corrosion inhibitor for steel bar

加入混凝土（或砂浆）中或涂刷在混凝土（或砂浆）表面，通过对混凝土（或砂浆）内钢筋的直接作用，能够阻止或减缓钢筋锈蚀的化学物质。

2.1.16 混凝土表面涂层 surface coating for concrete

在混凝土表面涂刷成膜型涂料形成的保护膜，其作用是阻滞外部水分和腐蚀性介质进入混凝土内部，防止混凝土结构受腐蚀破坏，延长其使用寿命。

2.1.17 混凝土表面憎水处理 surface hydrophobic treatment for concrete

采用硅烷、硅氧烷等渗透型材料渗入混凝土内部并使混凝土表面具有憎水性，阻滞水与有害介质进入，延缓混凝土结构腐蚀破坏，延长其使用寿命。

2.1.18 透水模板衬里（渗透性模板衬里） controlled permeable formwork lining

多采用聚丙烯纤维熔粘成具有大量微孔的透水毡片面层（或用合成纤维束编织成

的网片），中间夹有蓄水性颗粒经共同压制而成。

2.1.19 电化学保护 electrochemical protection

在钢筋混凝土构件表面或附近设置阳极系统，对钢筋施加阴极电流，以抑制钢筋腐蚀的技术措施。电化学保护分为外加电流阴极保护和牺牲阳极保护。

2.2 符号

c——钢筋的混凝土保护层厚度；

c_{min}——钢筋的混凝土保护层最小厚度；

D_{RCM}——用外加电场加速离子迁移的标准试验方法测得的氯离子扩散系数；

DF——混凝土抗冻耐久性指数；

E_0——经历冻融循环之前混凝土的初始动弹性模量；

E_1——经历冻融循环之后混凝土的动弹性模量；

Ⅰ-A——一般环境（Ⅰ类）中作用等级为轻微（A级）的环境条件，以此类推；

N——快速冻融循环试验中混凝土试件经受冻融循环的次数；

PAi——预应力锚固段防护措施编号；

PSi——预应力钢筋防护措施编号；

RH——相对湿度。

3 基本规定

3.0.1 公路工程混凝土结构耐久性设计应包括下列主要内容：
1 确定结构和构件的设计使用年限；
2 划分工程结构和构件的环境类别及作用等级；
3 选定原材料、混凝土和水泥基灌浆材料的性能和耐久性控制指标；
4 采用有利于减轻环境作用效应的结构形式和构造措施，包括混凝土保护层、抗裂设计、防排水和后张预应力体系的多重防护措施等；
5 必要时采取防腐蚀附加措施。

条文说明

公路工程混凝土结构耐久性设计步骤如图3-1所示。

3.0.2 根据构件所处的局部环境条件，应分区、分部位进行耐久性设计。

条文说明

当公路工程混凝土结构不同构件受环境作用差异较大时，例如由于大桥或长桥的不同桥段所处位置和局部环境特点的不同，其环境类别与作用等级可能存在明显差异，应分区进行耐久性设计。当桥梁沿高度方向所受环境作用变化较大时，例如对于位于水中的桥墩，可分为水下区、水位变动区（浪溅区）和大气区分别进行耐久性设计。

3.0.3 公路工程混凝土结构的常规耐久性设计，应按本规范规定执行。当需要验算钢筋锈蚀、混凝土开裂和混凝土保护层剥落三类耐久性极限状态时，可参照本规范附录A进行结构构件使用年限或保护层厚度的定量计算。

3.0.4 对耐久性有特殊要求，或设计使用年限、环境条件超越本规范规定的混凝土结构应进行专门的耐久性研究和论证。

3.0.5 公路工程混凝土结构的设计使用年限，应按表3.0.5的规定选用。对有特殊要求的结构，其设计使用年限可在上述规定的基础上，经技术经济论证后予以适当调整。

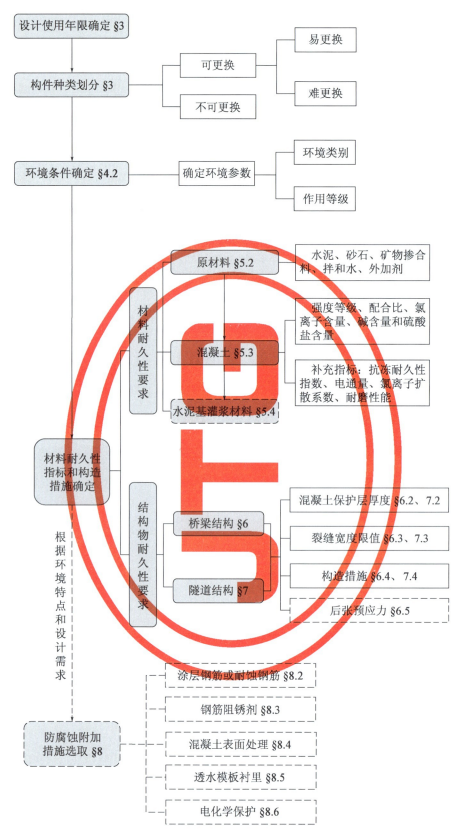

图3-1 公路工程混凝土结构耐久性设计的一般步骤

注：实线框图步骤为耐久性设计的必选项，虚线框图步骤为可选项。

表 3.0.5 公路工程混凝土结构设计使用年限（年）

公路等级	桥涵主体结构/衬砌、洞门等隧道主体结构					可更换构件		
						桥涵		隧道
	特大桥、大桥、特长隧道	长隧道、中隧道	中桥	短隧道	小桥、涵洞	斜拉索、吊索、系杆等	栏杆、伸缩装置、支座等	内边水沟、电缆沟槽、盖板等
高速公路、一级公路	100	100	100	100	50	20	15	30
二级公路	100	100	50	100	30	20	15	30
三级公路	100	100	50	50	30			
四级公路	100	50	50	50	30			

条文说明

本条的设计使用年限参照了《公路工程技术标准》（JTG B01—2014）的规定。对于一些特别重要的公路工程混凝土结构，或在业主有特殊要求时，其设计使用年限可以大于100年，如港珠澳大桥的设计使用年限为120年。

3.0.6 公路桥涵结构构件，应依据其更换难易程度确定设计使用年限，宜按表3.0.6的规定划分为主体结构和可更换构件，可更换构件划分为难更换和易更换构件两类。主体结构的设计使用年限应按表3.0.5的规定选用。难更换构件的设计使用年限不应小于20年，易更换构件不应小于15年。

表 3.0.6 公路桥涵结构构件可更换性一览表

构件名称			主体结构	可更换构件	
				难更换	易更换
桥梁上部结构构件	梁桥	混凝土主梁	√		
		体外预应力筋		√	
		桥面系混凝土构件（梁、板）		√	
	拱桥	主拱圈	√		
		拱上立柱	√		
		吊杆（索）		√	√
		系杆	√	√	
	斜拉桥	混凝土索塔	√		
		主梁	√		
		斜拉索		√	
	悬索桥	塔	√		
		主缆	√		
		锚碇	√		

续表 3.0.6

构件名称			主体结构	可更换构件	
				难更换	易更换
桥梁上部结构构件	悬索桥	加劲梁	√		
		索鞍	√		
		吊杆（索）		√	√
	桥面铺装				√
	排水系统				√
	护栏/栏杆				√
	伸缩装置				√
	支座			√	√
桥梁下部结构构件	帽梁		√		
	立柱/立柱间系梁		√		
	承台		√		
	基础		√		
	桥台/挡土墙		√		
	排水系统				√

注：1. 可根据技术发展水平及经济性，适当变更表中构件的可更换难易程度。
2. 拱桥和悬索桥吊杆（索）的更换难易程度需根据吊杆索体及锚固端构造确定，成品拉索类吊杆多为易更换；拱桥现浇混凝土系杆不可更换，成品拉索类系杆难于更换。
3. 未列入表中的构件，由业主或设计人员视实际情况确定其更换难易程度。
4. 大吨位的盆式支座、减隔震支座等一般难于更换，小吨位的板式或盆式橡胶支座一般易于更换。

3.0.7 公路隧道结构构件宜按表 3.0.7 的规定划分为主体结构和可更换构件。主体结构的设计使用年限应按表 3.0.5 的规定选用。可更换构件的设计使用年限不应小于 30 年。

表 3.0.7 公路隧道结构构件可更换性一览表

构件名称			主体结构	可更换构件
明挖法隧道	框架结构	底板	√	
		侧墙	√	
		顶板	√	
	拱形结构	拱墙	√	
		仰拱	√	
		仰拱填充		√
钻爆法隧道	喷锚衬砌	喷射混凝土	√	
		锚杆	√	
		钢筋网	√	

续表3.0.7

构件名称			主体结构	可更换构件
钻爆法隧道	模筑混凝土衬砌	仰拱	√	
		拱墙	√	
		仰拱填充		√
盾构法隧道	预制混凝土管片		√	
	其他预制件（如箱涵、口子件）			√
洞门、路面及附属构件	洞门		√	
	水泥混凝土路面/车道板			√
	排水沟、电缆沟的沟壁与盖板			√

注：1. 可根据技术发展水平及经济性，适当变更表中构件的可更换难易程度。
2. 未列入表中的构件，由业主或设计人员视实际情况确定其更换难易程度。

4 环境

4.1 一般规定

4.1.1 混凝土结构的耐久性设计应根据结构所处区域和环境特点，确定环境类别，并根据环境调研结果确定结构构件所处的环境作用等级。

条文说明

结构所处区域和环境特点是判断和确定结构所属环境类别的基本依据。对于有分区、分部位进行耐久性设计要求的公路工程混凝土结构，如跨江或跨海长桥，其引桥、航道区或桥墩的水上和水下区域所处的局部环境特点并不相同，因而虽然同属一类环境类别，但各构件所属的环境作用等级不尽相同。因此，在确定了环境类别之后，再根据本规范规定和进一步的环境调研结果，判断构件所处的环境作用等级。

4.1.2 当结构和构件受到多种环境共同作用时，应分别满足每种环境类别单独作用下的耐久性要求。

条文说明

多种环境因素的耦合作用，可能加剧劣化作用。但目前尚无明确的耦合作用下的劣化定量研究成果。因此，本规范将满足每种环境类别下最不利条件的规定作为耐久性基本要求。

4.2 环境类别与作用等级

4.2.1 公路工程混凝土结构环境类别应按表4.2.1的规定进行确定。

表4.2.1 环境类别

环境类别		劣化机理
名称	符号	
一般环境	Ⅰ	混凝土碳化
冻融环境	Ⅱ	反复冻融导致混凝土损伤

续表 4.2.1

环境类别		劣化机理
名称	符号	
近海或海洋氯化物环境	Ⅲ	海洋环境下的氯盐引起钢筋锈蚀
除冰盐等其他氯化物环境	Ⅳ	除冰盐等氯盐引起钢筋锈蚀
盐结晶环境	Ⅴ	硫酸盐在混凝土孔隙中结晶膨胀导致混凝土损伤
化学腐蚀环境	Ⅵ	硫酸盐和酸类等腐蚀介质与水泥基发生化学反应导致混凝土损伤
磨蚀环境	Ⅶ	风沙、流水、泥沙或流冰摩擦、冲击作用造成混凝土表面损伤

条文说明

混凝土结构耐久性设计与结构所处环境类别有直接关系。国内外规范中的环境分类方法大多根据结构工作环境情况、劣化机理、形态以及各行业传统经验制定。本规范根据环境对钢筋和混凝土材料的劣化机理，将公路工程混凝土结构常见的环境类别归纳为七大类，用罗马字母表示。

4.2.2 环境作用等级的确定宜根据表4.2.2的规定，选取适宜因素，对最近3年的环境状况和数据开展进一步调研。对有特殊要求或重大工程结构，可开展专题研究。

表 4.2.2 环境调研的内容

环境类别		调研内容
名称	符号	
一般环境	Ⅰ	年平均相对湿度、与水接触程度
冻融环境	Ⅱ	最冷月平均气温、日温差、饱水程度、雨雪和雨淋程度
近海或海洋氯化物环境	Ⅲ	年平均气温、最热月平均气温、最冷月平均气温、距海岸线距离、构件所处海水环境位置
除冰盐等其他氯化物环境	Ⅳ	水体中氯离子浓度
盐结晶环境	Ⅴ	硫酸根离子浓度（含量）、有无干湿交替作用、日温差
化学腐蚀环境	Ⅵ	水体中、土体中的化学侵蚀物质浓度（含量），水、酸雨的酸碱度
磨蚀环境	Ⅶ	风力等级、年累计刮风天数、河道汛期含砂量、流冰量

4.2.3 环境对公路工程混凝土结构的作用程度应采用环境作用等级表达，并应按表4.2.3的规定进行划分。

表 4.2.3 环境作用等级划分

环境类别		环境作用影响程度					
名称	符号	A 轻微	B 轻度	C 中度	D 严重	E 非常严重	F 极端严重
一般环境	Ⅰ	Ⅰ-A	Ⅰ-B	Ⅰ-C	—	—	—
冻融环境	Ⅱ	—	—	Ⅱ-C	Ⅱ-D	Ⅱ-E	—
近海或海洋氯化物环境	Ⅲ	—	—	Ⅲ-C	Ⅲ-D	Ⅲ-E	Ⅲ-F
除冰盐等其他氯化物环境	Ⅳ	—	—	Ⅳ-C	Ⅳ-D	Ⅳ-E	—
盐结晶环境	Ⅴ	—	—	—	Ⅴ-D	Ⅴ-E	Ⅴ-F
化学腐蚀环境	Ⅵ	—	—	Ⅵ-C	Ⅵ-D	Ⅵ-E	Ⅵ-F
磨蚀环境	Ⅶ	—	—	Ⅶ-C	Ⅶ-D	Ⅶ-E	—

4.3 一般环境

4.3.1 一般环境下混凝土结构耐久性设计，应控制正常大气作用下混凝土碳化引起的钢筋锈蚀。

4.3.2 一般环境下公路工程混凝土结构的环境作用等级划分应按表 4.3.2 的规定执行。

表 4.3.2 一般环境的作用等级

环境作用等级	环境条件
Ⅰ-A	干燥环境（0＜RH≤20%）； 极湿润环境（80%＜RH＜100%）； 永久的静水浸没环境
Ⅰ-B	较干燥环境（20%＜RH≤40%）； 湿润环境（60%＜RH≤80%）
Ⅰ-C	干湿交替环境； 较湿润环境（40%＜RH≤60%）

注：1. 表中 RH 为年平均相对湿度。
2. 干湿交替环境下的桥梁构件指处于水位变动区和浪溅区的桥墩、桥台等构件。

条文说明

本条部分参照了交通部西部交通建设科技项目"桥梁耐久性关键技术研究"的成果和《公路桥梁混凝土结构耐久性设计指南》。CO_2 浓度、温度和相对湿度是影响混凝土碳化的主要环境因素，其中，相对湿度的影响最为显著。对于暴露于一般环境中的混凝土桥隧结构而言，CO_2 浓度的差异较小，而温度的影响是以相对湿度为前提的。因此，将相对湿度作为一般环境类别作用等级划分的主要依据。

一般环境作用等级的构件示例见表 4-1。

表 4-1 一般环境作用等级的构件示例

环境作用等级	构 件 示 例	
	桥涵	隧道
Ⅰ-A	常年干燥、低湿度环境中的构件；所有表面均永久处于静水体中的构件；埋入土中、温湿度相对稳定的基础构件	
	桥梁上部结构、处于静水体中的桥墩水下部分	距洞口段距离>200m 的洞身衬砌
Ⅰ-B	不接触或偶尔接触雨水的构件；埋入土中、温湿度相对稳定的基础构件	
	桥墩等下部结构	距洞口段距离≤200m 的洞身衬砌
Ⅰ-C	表面频繁淋雨、结露或频繁与水接触的构件；靠近地表、湿度受地下水位影响的构件	
	处于水位变动区和浪溅区的桥墩	洞口段衬砌

注：隧道洞口段具体长度按实际调研情况和经验确定。

4.4 冻融环境

4.4.1 冻融环境下混凝土结构耐久性设计，应控制混凝土遭受长期冻融循环作用引起的损伤。

4.4.2 长期与水直接接触并可能发生反复冻融循环的混凝土结构构件，应考虑冻融环境的作用。冻融环境下混凝土结构的环境作用等级划分应按表 4.4.2 的规定执行。

表 4.4.2 冻融环境的作用等级

环境作用等级	环 境 条 件
Ⅱ-C	微冻地区（−3℃≤t≤2.5℃）且 Δt>10℃，混凝土中度饱水
Ⅱ-D	微冻地区（−3℃≤t≤2.5℃）且 Δt>10℃，混凝土高度饱水
	寒冷地区（−8℃<t<−3℃）和严寒地区（t≤−8℃）且 Δt>10℃，混凝土中度饱水
Ⅱ-E	寒冷地区（−8℃<t<−3℃）和严寒地区（t≤−8℃）且 Δt>10℃，混凝土高度饱水

注：1. 表中 t 为最冷月平均气温，Δt 为日温差。
2. 中度饱水指冰冻前偶受水或受潮，混凝土内饱水程度不高；高度饱水指冰冻前长期或频繁接触水或湿润，混凝土内高度水饱和。

条文说明

冻融环境作用等级的构件示例见表 4-2。

表 4-2 冻融环境作用等级的构件示例

环境作用等级	构 件 示 例	
	桥涵	隧道
Ⅱ-C	受雨淋构件的竖向表面	
	主梁腹板、桥墩	洞口段衬砌
Ⅱ-D	水位变动区的构件，频繁受雨淋构件的水平表面	
	承台	距洞口段距离≤200m的洞身衬砌
	受雨淋构件的竖向表面	
	主梁腹板、桥墩	洞口段衬砌
Ⅱ-E	水位变动区的构件，频繁受雨淋构件的水平表面	
	承台	距洞口段距离≤200m的洞身衬砌

4.4.3 同一结构，位于冰冻线以上土中的混凝土结构构件，其环境作用等级可根据实际情况和经验适当降低。

条文说明

冰冻线指土层中冻土与非冻土的分界线。地表到冰冻线的距离为冻结深度。

4.5 近海或海洋氯化物环境

4.5.1 近海或海洋氯化物环境下混凝土结构耐久性设计，应控制因海水或大气中的氯盐侵蚀而产生的钢筋锈蚀。

4.5.2 近海或海洋氯化物环境下，混凝土结构的环境作用等级划分应按表4.5.2的规定执行，或根据构件表面的氯离子浓度依据实际条件和工程经验划分环境作用等级。

表 4.5.2 近海或海洋氯化物环境的作用等级

环境作用等级	环 境 条 件
Ⅲ-C	永久浸没于海水或埋于土中
	盐雾影响区：涨潮线以外300m～1.2km范围内的陆上环境
Ⅲ-D	轻度盐雾区：距平均水位15m高度以上的海上大气环境；涨潮岸线以外100～300m范围内的陆上环境
Ⅲ-E	重度盐雾区：距平均水位15m高度以内的海上大气环境；离涨潮岸线100m以内的陆上环境
	非炎热地区（年平均温度低于20℃）的潮汐区和浪溅区
Ⅲ-F	炎热地区（年平均温度高于20℃）的潮汐区和浪溅区

注：1. 近海或海洋环境中的水下区、潮汐区、浪溅区和大气区的划分，按照现行《海港工程混凝土结构防腐蚀技术规范》（JTJ 275）的规定执行。近海或海洋环境的土中区指海底以下或近海的陆区地下，其地下水体中的盐类成分与海水相近。
2. 靠近海岸的陆上建筑物，盐雾对混凝土构件的作用尚应考虑风向、地貌等因素。
3. 内陆盐湖中氯化物的环境作用等级可按本表确定。

条文说明

盐雾影响区、轻度盐雾区和重度盐雾区的划分，理论上应以构件表面的氯离子浓度作为依据。但目前尚缺乏可靠的定量化研究成果，因此本规范采用距离划分不同盐雾区。近海或海洋氯化物环境作用等级的构件示例见表4-3。

表4-3 近海或海洋氯化物环境作用等级的构件示例

环境作用等级	构 件 示 例	
	桥涵	隧道
Ⅲ-C	海水水体中、土体中或深海、海底的构件	
	桥墩、基础	距洞口段距离>200m的洞身；海底隧道构件
	近海大气区的桥隧结构构件	
	梁、桥墩	距洞口段距离>200m的洞身衬砌
Ⅲ-D	近海大气区的桥隧结构构件	
	梁、桥墩	洞口段衬砌
Ⅲ-E	近海大气区的桥隧结构构件	
	梁、桥墩；近海涵洞	洞口段衬砌
	海水水体中的桥隧结构构件	
	桥墩、承台、基础	洞口段衬砌
Ⅲ-F	海水水体中的桥隧结构构件	
	桥墩、承台、基础	洞口段衬砌

4.5.3 一侧接触海水或含有海水土体、另一侧接触空气的海中或海底隧道钢筋混凝土结构构件，其环境作用等级不宜低于Ⅲ-E。

4.5.4 江河入海口附近水域的含盐量应根据实测确定，当含盐量明显低于海水时，其环境作用等级可根据具体情况较表4.5.2的规定降低一级。

4.6 除冰盐等其他氯化物环境

4.6.1 除冰盐等其他氯化物环境下混凝土结构耐久性设计，应控制除冰盐和地下水体中、土体中的氯盐对钢筋混凝土结构中钢筋的锈蚀。

4.6.2 除冰盐等其他氯化物环境下混凝土结构的环境作用等级划分，在有环境资料和既有工程调查资料的情况下，应根据实际环境条件按表4.6.2的规定执行。无环境资料和既有工程调查资料时，可按表4.6.2的规定执行。

表 4.6.2 除冰盐等其他氯化物环境的作用等级

环境作用等级	环 境 条 件
IV-C	受除冰盐盐雾作用；四周浸没于含氯化物的地下水体；接触较低浓度氯离子水体（Cl^-浓度：100～500mg/L），且有干湿交替
IV-C	接触较低含量氯离子的盐渍土体（Cl^-含量：150～750mg/kg）
IV-D	受除冰盐水溶液直接溅射；接触较高浓度氯离子水体（Cl^-浓度：500～5000mg/L），且有干湿交替
IV-D	接触较高含量氯离子的盐渍土体（Cl^-含量：750～7500mg/kg）
IV-E	直接接触除冰盐溶液；接触高浓度氯离子水体（Cl^-浓度>5000mg/L），且有干湿交替
IV-E	接触高含量氯离子的盐渍土体（Cl^-含量>7500mg/kg）

注：1. 水体中氯离子浓度的测定方法按现行《铁路工程水质分析规程》（TB 10104）的相关规定执行，土体中氯离子含量的测定方法按现行《铁路工程岩土化学分析规程》（TB 10103）的相关规定执行。
   2. 除冰盐环境的作用等级与冬季喷洒除冰盐的具体用量和频度有关，可根据具体情况作出调整。

条文说明

公路上的盐雾或悬浮微粒是行驶车辆的轮胎把盐水或者干盐粒卷起并抛向空气时产生的。车辆在行驶时引起的大气湍流形成一个由湿或干盐粒组成的垂直气柱，再由风把这些盐粒带离公路、飘向远方。相关研究表明：大的盐水水珠一般降落在公路附近15m的区域内，该区域被称为"飞溅区"。较小的水珠和干盐粒能够迁移到距离公路1000m的范围内。除冰盐等其他氯化物环境作用等级的构件示例见表4-4。

表 4-4 除冰盐等其他氯化物环境作用等级的构件示例

环境作用等级	构 件 示 例	
	桥涵	隧道
IV-C	地下水中构件；距离行车道10～20m范围内的构件	行车进口方向，距离洞口段≤1000m，接触盐雾的构件
IV-C	桥墩、承台、基础	洞口段、基础
IV-D	行车道两侧≤10m的构件；护栏、护墙、桥墩、涵台、涵洞内壁	洞口段
IV-D	桥墩	洞口段
IV-E	桥面板、与含盐渗漏水接触的桥梁帽梁、桥墩顶面	车道板
IV-E	桥墩	洞口段

4.7 盐结晶环境

4.7.1 盐结晶环境下混凝土结构耐久性设计，应控制混凝土在近地面区域因硫酸盐结晶导致的混凝土膨胀破坏。

条文说明

盐类对混凝土的膨胀破坏机理分为物理破坏和化学破坏两种。一方面，硫酸盐与水泥水化产物 $Ca(OH)_2$ 和水化铝酸钙发生化学反应生成石膏和钙矾石，体积膨胀而使混凝土开裂剥落；另一方面，在干湿交替作用下，侵入混凝土孔隙中的硫酸盐溶液随着浓度增加达到过饱和而结晶，对孔壁产生极大的结晶压力，使混凝土破坏。因此，处于干燥、多风、日夜温差大环境下的混凝土结构，其距离地表或水面约1m区内的毛细吸附区，或一面接触高浓度硫酸盐的环境水或环境土而另一面临空的薄壁混凝土结构，多遭受盐结晶破坏。盐结晶破坏程度与环境水和土中硫酸盐浓度、环境温度及混凝土表面干湿交替程度有关。

4.7.2 盐结晶环境下公路工程混凝土结构的环境作用等级划分应按表4.7.2的规定执行。

表4.7.2 盐结晶环境的作用等级

环境作用等级	环 境 条 件	
	水体中 SO_4^{2-} 浓度（mg/L）	土体中 SO_4^{2-} 浓度（水溶值）（mg/kg）
V-D	$\Delta t \leq 10℃$，有干湿交替作用的盐土环境	
	200~2 000	300~3 000
V-E	$\Delta t \leq 10℃$，有干湿交替作用的盐土环境	
	2 000~4 000	3 000~6 000
V-F	$\Delta t > 10℃$，干湿交替作用频繁的高含盐量盐土环境	
	4 000~10 000	6 000~15 000

注：1. 表中 Δt 为日温差。
　　2. 水体中硫酸根离子浓度的测定方法按现行《铁路工程水质分析规程》（TB 10104）的相关规定执行，土体中硫酸根离子含量的测定方法按现行《铁路工程岩土化学分析规程》（TB 10103）的相关规定执行。

条文说明

盐结晶环境作用等级的构件示例见表4-5。

表4-5 盐结晶环境作用等级的构件示例

环境作用等级	构 件 示 例	
	桥涵	隧道
V-D	处于盐湖水体中的桥墩、墩台； 与含盐土体接触的桥墩、墩台	处于盐湖水体中的桥墩、墩台； 与含盐土体接触的洞门、衬砌、车道板
V-E		
V-F		

4.7.3 当混凝土结构处于极高含盐地区（水体中 SO_4^{2-} 浓度大于 10 000 mg/L 或土体中 SO_4^{2-} 含量大于 15 000 mg/kg），其耐久性技术措施应通过专门的试验和研究确定。

4.7.4 对于盐渍土地区的混凝土结构，埋入土中的混凝土应按化学腐蚀环境考虑；露出地表的毛细吸附区内的混凝土应按盐结晶环境考虑。

4.7.5 对于一面接触含盐环境水（或土）而另一面临空且处于大气干燥或多风环境中的薄壁混凝土结构（如隧道衬砌），接触含盐环境水（或土）的混凝土按遭受化学侵蚀环境作用考虑，临空面的混凝土按遭受盐类结晶破坏环境作用考虑。

4.8 化学腐蚀环境

4.8.1 化学腐蚀环境下混凝土结构的耐久性设计，应控制混凝土遭受 SO_4^{2-}、Mg^{2+}、CO_2、pH 值等化学物质长期侵蚀引起的损伤。

4.8.2 水体中硫酸盐和酸类物质环境作用等级划分应按表 4.8.2 的规定执行。

表 4.8.2 水体中硫酸盐和酸类物质的作用等级

环境作用等级	非干旱、非高寒地区的干湿交替环境				干旱、高寒地区
	水体中 SO_4^{2-} 浓度（mg/L）	水体中 Mg^{2+} 浓度（mg/L）	水体的 pH 值	水体中侵蚀性 CO_2 浓度（mg/L）	水体中 SO_4^{2-} 浓度（mg/L）
Ⅵ-C	≥200 ≤1 000	≥300 ≤1 000	≤6.5 ≥5.5	≥15 ≤30	≥200 ≤500
Ⅵ-D	>1 000 ≤4 000	>1 000 ≤3 000	<5.5 ≥4.5	>30 ≤60	>500 ≤2 000
Ⅵ-E	>4 000 ≤10 000	>3 000	<4.5 ≥4.0	>60 ≤100	>2 000 ≤5 000
Ⅵ-F	>10 000 ≤20 000	—	—	—	—

注：1. 水体中 SO_4^{2-} 浓度的测定方法按现行《铁路工程水质分析规程》（TB 10104）的相关规定执行。
  2. 干旱区指干燥度系数大于 2.0 的地区，高寒地区指海拔 3 000m 以上的地区。
  3. 对处于非干旱、高寒地区的结构构件，表中 SO_4^{2-} 浓度对应的环境条件为干湿交替环境；若处于无干湿交替环境作用（长期浸没于地表或地下水体中），可按表中作用等级降低一级。
  4. 在高水压条件下应提高相应的环境作用等级。

4.8.3 当混凝土结构构件处于硫酸根离子浓度大于 1 500mg/L 的流动水或 pH 值小于 3.5 的酸性水体中时，应在混凝土表面采取专门的防腐蚀附加措施。

4.8.4 土体中硫酸盐的环境作用等级划分应符合相关规定或满足表4.8.4的要求。

表4.8.4 土体中硫酸盐的作用等级

环境作用等级	土体中 SO_4^{2-} 含量（水溶值）（mg/kg）	
	非干旱高寒地区的干湿交替环境	干旱、高寒地区
Ⅵ-C	≥300 ≤1 500	≥300 ≤750
Ⅵ-D	>1 500 ≤6 000	>750 ≤3 000
Ⅵ-E	>6 000 ≤15 000	>3 000 ≤7 500
Ⅵ-F	>15 000 ≤30 000	—

注：1. 土体中硫酸根离子含量的测定方法按现行《铁路工程岩土化学分析规程》（TB 10103）的相关规定执行。
　　2. 干旱区指干燥度系数大于2.0的地区，高寒地区指海拔3 000m以上的地区。
　　3. 当混凝土结构构件处于弱透水土体中时，土体中硫酸根离子（参考表4.8.4）、水体中镁离子、水体中侵蚀性二氧化碳及水的pH值（参考表4.8.2）的作用等级可按相应的等级降低一级。

4.8.5 受硫化氢气体或腐蚀性液体侵蚀的混凝土涵洞及构件，根据其严重程度宜按环境作用等级Ⅵ-D或Ⅵ-E考虑。

4.8.6 大气污染对混凝土结构的环境作用等级划分应按表4.8.6的规定执行。

表4.8.6 大气污染的作用等级

环境作用等级	环 境 条 件
Ⅵ-C	汽车或机车尾气严重
Ⅵ-D	酸雨（雾、露）pH值≥4.5的酸雨地区
Ⅵ-E	酸雨（雾、露）pH值<4.5的酸雨地区

注：酸雨指pH年均值低于5.6的降水。酸雨pH值的测量，按照现行《酸雨观测规范》（GB/T 19117）的规定执行。

条文说明

根据环境保护部2015年《中国环境状况公报》，酸雨可以分为酸雨（降水pH年均值低于5.6）、较重酸雨（降水pH年均值低于5.0）和重酸雨（降水pH年均值低于4.5）三类。我国酸雨区面积约为72.9万 km^2，占国土面积的7.6%，主要分布在长江以南—云贵高原以东地区，主要包括浙江、上海、江西、福建的大部分地区，湖南中东部、重庆南部、江苏南部和广东中部。

大气污染作用等级的构件示例见表 4-6。

表 4-6 大气污染作用等级的构件示例

环境作用等级	构 件 示 例	
	桥涵	隧道
Ⅵ-C	—	洞身构件
Ⅵ-D	梁、板、桥墩的迎雨面；桥面板	洞口段
Ⅵ-E	梁、板、桥墩的迎雨面；桥面板	洞口段

4.8.7 对于化学腐蚀环境，当受多个化学腐蚀物质作用时，以其中单项作用最高的环境作用等级作为化学腐蚀环境的设计作用等级；当存在两个以上作用等级均达到最高等级时，应提高一级。

4.9 磨蚀环境

4.9.1 磨蚀环境下混凝土结构耐久性设计，应控制混凝土遭受风或水中夹杂物的摩擦、切削、冲击等作用导致的磨蚀。

4.9.2 磨蚀环境下桥涵结构的环境作用等级划分应按表 4.9.2 的规定执行。

表 4.9.2 磨蚀环境的作用等级

环境作用等级	环 境 条 件
Ⅶ-C	风蚀（有砂情况）：风力等级≥7级，且年累计刮风天数大于90d的风沙地区
Ⅶ-D	风蚀（有砂情况）：风力等级≥9级，且年累计刮风天数大于90d的风沙地区
	泥砂石磨蚀：汛期含砂量200～1 000kg/m³的河道
	流冰磨蚀：有强烈流冰撞击的河道（冰层水位线下0.5m～冰层水位线上1.0m）
Ⅶ-E	风蚀（有砂情况）：风力等级≥11级，且年累计刮风天数大于90d的风沙地区
	泥砂石磨蚀：汛期含砂量>1 000kg/m³的河道
	泥石流地区及西北戈壁荒漠区洪水期间夹杂大量粗颗粒砂石的河道

注：1. 风沙地区包括沙漠和沙地。沙漠指地表大面积为风积的疏松沙所覆盖的荒漠地区；沙地指地表为大面积的疏松沙所覆盖的草原地区。
2. 磨蚀环境下，混凝土的耐磨性能宜按现行《公路工程水泥及水泥混凝土试验规程》（JTG E30）和《水泥胶砂耐磨性试验方法》（JC/T 421）的规定执行。

条文说明

对于我国的黄河、松花江、乌苏里江等河流，每年冬季或春季，由于水流的作用带动冰块向下流游动，当河堤狭窄时冰层堆积，造成对堤坝或桥墩的压力过大，形成凌汛。所以，对可能遭受冰凌危害的混凝土结构构件，宜采取局部加固或破碎大块流冰等措施，避免冰凌撞击而给构件造成损伤。磨蚀环境作用等级的构件示例见表4-7。

表4-7 磨蚀环境作用等级的构件示例

环境作用等级	桥涵构件示例
Ⅶ-C	主梁、桥墩（水位变动区以上的部位）
Ⅶ-D	处于水下区的桥墩、局部冲刷线以上的承台和桩基
	处于水位变动区的桥墩
Ⅶ-E	主梁、桥墩（水位变动区以上的部位）
	处于水下区的桥墩、局部冲刷线以上的承台和桩基

4.9.3 为防止凌汛、凌洪的危害，宜对可能遭受凌汛影响的构件部位采取适当防护措施。

5 材料

5.1 一般规定

5.1.1 公路工程混凝土结构设计时，除给出混凝土力学性能指标的要求外，还应考虑混凝土结构耐久性需求，进行原材料的选取、性能指标的检评，并应对混凝土的耐久性能指标提出明确要求。

5.1.2 处于近海或海洋氯化物环境下的公路工程混凝土结构，可选用海工混凝土。

5.2 原材料

5.2.1 进行耐久性设计时，水泥宜符合下列规定：
1 应根据公路工程混凝土结构物的性能与特点、结构物所处环境及施工条件，选择合适的水泥品种。水泥强度等级应与混凝土设计强度等级相适应。
2 对环境作用等级为 D 级及以上的混凝土结构，宜增加矿物掺合料用量。
3 硅酸盐水泥或普通硅酸盐水泥的比表面积不宜超过 $350m^2/kg$。水泥中铝酸三钙（C_3A）含量不宜超过 8%（海水中不宜超过 5%）。大体积混凝土宜采用硅酸二钙（C_2S）含量相对较高的水泥。
4 应选用质量稳定、低水化热和碱含量偏低的水泥。水泥的碱含量（按 Na_2O 量计）不宜超过 0.6%。

条文说明

矿物掺合料可替代部分水泥，以减少水泥用量，因而可降低水泥的水化热，降低混凝土升温。矿物细掺料中含有的二氧化硅和氧化铝，与水泥中的石膏及水泥水化生成的氧化钙反应，可提高混凝土的后期强度。混凝土中掺入矿物细掺料后，可提高黏聚性，另外如粉煤灰等需水量小的掺合料还可以降低混凝土的水胶比，提高混凝土的耐久性。同时，试验证明，矿物掺合料掺量较大时，可以有效地抑制碱-集料反应。

为改善混凝土的体积稳定性和抗裂性，应对混凝土细度、水化热和矿物组成含量进行控制。水泥中的铝酸三钙（C_3A）水化迅速，虽然早期强度较高，但是其水化热大、收缩变形大，易导致混凝土水化热过大，提高开裂的风险，因此需控制水泥中铝酸三钙的含量。水泥中的硅酸三钙（C_3S）含量一般超过50%，强度高但水化热较大；而硅酸二钙（C_2S）的后期强度较好，且其水化热较小，因此对于大体积的混凝土构件，宜适当提高水泥中的C_2S含量。

5.2.2 进行耐久性设计时，粗、细集料应符合下列规定：

1 宜选用质地坚硬、级配良好、粒径合格、吸水率低、颗粒洁净、有害杂质含量少、无碱活性的粗、细集料，基本技术指标应按现行《公路桥涵施工技术规范》（JTG/T F50）的相关要求执行。

2 主体结构应使用无碱活性反应的集料，非主体结构宜避免采用有碱活性反应的集料，或采取必要的控制措施。应对粗、细集料进行碱活性检验，具体试验方法应符合现行《公路工程集料试验规程》（JTG E42）的规定。

3 对处于环境作用等级为D级及以上的近海或海洋氯化物环境、除冰盐等其他氯化物环境中的公路工程混凝土结构，宜采用抗渗透性较好的岩石作为粗、细集料。

4 粗集料的最大公称粒径不应超过结构最小边尺寸的1/4和钢筋最小净距的3/4；在两层或多层密布钢筋结构中，不应超过钢筋最小净距的1/2。

5.2.3 进行耐久性设计时，矿物掺合料应符合下列规定：

1 宜综合考虑环境、施工等情况，使用优质粉煤灰、磨细矿渣、硅灰等矿物掺合料或复合矿物掺合料。

2 矿物掺合料中的碱含量应以其中的可溶性碱计算，按试样中碱的溶出量试验确定。当无检测条件时，对于粉煤灰，应以其总碱量的1/6计算粉煤灰中的可溶性碱；对于磨细矿渣，以总碱量的1/2计算。

3 公路工程混凝土结构宜采用F类Ⅰ级或Ⅱ级粉煤灰。对普通钢筋混凝土，粉煤灰烧失量不宜大于8%，需水量比不宜大于105%；Ⅰ级粉煤灰的45μm方孔筛筛余量不宜大于12%，Ⅱ级粉煤灰的筛余量不宜大于20%。粉煤灰其他相关技术指标应符合现行《用于水泥和混凝土中的粉煤灰》（GB/T 1596）的规定。

4 磨细矿渣的比表面积宜为350~450 m^2/kg，需水量比不宜大于100%，烧失量不应大于3%，此外氯离子含量不应大于0.02%。其他相关技术指标应按现行《公路桥涵施工技术规范》（JTG/T F50）的相关要求执行。

5 硅灰中的二氧化硅含量不宜小于85%，比表面积宜大于18 000 m^2/kg。其他相关技术指标应按现行《公路桥涵施工技术规范》（JTG/T F50）的相关要求执行。硅灰宜与其他矿物掺合料复合使用，掺量不超过胶凝材料总量的10%。

条文说明

3 拌制混凝土和砂浆用粉煤灰按照类别分为：F类（由无烟煤或烟煤煅烧收集的粉煤灰）和C类（由褐煤或次烟煤煅烧收集的粉煤灰，其氧化钙含量一般大于10%）。粉煤灰分为三个等级：Ⅰ级、Ⅱ级、Ⅲ级。Ⅰ级粉煤灰适用于钢筋混凝土和预应力混凝土，Ⅱ级粉煤灰适用于钢筋混凝土和无筋混凝土，Ⅲ级粉煤灰则主要用于强度等级低于C30的无筋混凝土。为避免粉煤灰中的氧化钙（CaO）与硫酸盐和铝酸三钙反应生成钙钒石，体积膨胀而导致混凝土破坏，宜采用低钙粉煤灰（CaO含量≤10%）。

5 硅灰常用于配制高强或高耐磨混凝土。单掺硅灰会增加低水胶比高强混凝土的自收缩，且会加剧混凝土温升，通常在工程中与其他矿物掺合料复合使用。

5.2.4 进行耐久性设计时，水应符合下列规定：

1 混凝土用水应清洁，不应采用污水或pH值小于5的酸性水。严禁采用未经处理的海水拌制钢筋混凝土和预应力混凝土。

2 混凝土用水中不应含有影响水泥正常凝结与硬化的有害杂质、油脂、糖类及游离酸类等，其他指标应符合现行《公路桥涵施工技术规范》（JTG/T F50）的相关规定。

5.2.5 进行耐久性设计时，外加剂应符合下列规定：

1 应根据使用目的和混凝土性能、原材料性能、施工条件、配合比等因素，选择适宜外加剂，并通过试验及技术经济比较确定用量。

2 当不同品种外加剂复合使用时，应事先通过试验验证其相容性及对混凝土性能的影响。

3 各种外加剂中的氯离子总含量不宜大于混凝土中胶凝材料总质量的0.02%，硫酸钠含量不宜大于减水剂干重的15%。

4 减水剂宜采用聚羧酸系减水剂。

5 防冻剂中的氯离子含量不应大于0.1%。

条文说明

4 与萘系减水剂相比，聚羧酸系减水剂具有更好的水泥适应性，且具有掺量少、减水率高、拌合物流动性好、混凝土坍落度损失低、环保等优点，更符合配制高性能混凝土的要求。

5.3 混凝土

5.3.1 混凝土耐久性设计指标应包括：强度等级、配合比（水胶比、胶凝材料和矿物掺合料用量）、氯离子含量、碱含量和硫酸盐含量。不同环境类别下的耐久性设计指标宜按表5.3.1的规定进行补充。

表5.3.1 不同环境类别下的混凝土耐久性补充设计指标

环境类别		混凝土耐久性补充设计指标
一般环境	Ⅰ	—
冻融环境	Ⅱ	抗冻耐久性指数

续表 5.3.1

环 境 类 别		混凝土耐久性补充设计指标
近海或海洋氯化物环境	Ⅲ	电通量或氯离子扩散系数
除冰盐等其他氯化物环境	Ⅳ	电通量或氯离子扩散系数
盐结晶环境	Ⅴ	抗硫酸盐结晶干湿循环次数
化学腐蚀环境	Ⅵ	—
磨蚀环境	Ⅶ	耐磨性能

5.3.2 设计使用年限为 100 年的桥涵结构和构件，其混凝土最低强度等级应符合表 5.3.2-1 的规定。设计使用年限为 50 年和 30 年的桥涵结构和构件，其混凝土最低强度等级可在表 5.3.2-1 的规定上降低一个等级（5MPa），但预应力混凝土应不低于 C40，钢筋混凝土应不低于 C25。隧道结构混凝土最低强度等级应符合表 5.3.2-2 的规定。

表 5.3.2-1 桥涵结构混凝土最低强度等级（100 年）

环 境 名 称	环境作用等级	预应力混凝土	钢筋混凝土			素混凝土
			上部结构	下部结构		
			梁、板、塔	桥墩、涵洞	承台、基础	
一般环境	Ⅰ-A	C40	C35	C30	C25	C25
	Ⅰ-B	C45	C40	C35	C30	
	Ⅰ-C	C45	C40	C35	C30	
冻融环境	Ⅱ-C	C45	C40	C35	C30	C30
	Ⅱ-D	C45	C40	C35	C30	
	Ⅱ-E	C50	C45	C40	C35	
近海或海洋氯化物环境	Ⅲ-C	C45	C40	C35	C30	C30
	Ⅲ-D	C45	C40	C35	C30	
	Ⅲ-E	C50	C45	C40	C35	
	Ⅲ-F	C50	C45	C40	C35	
除冰盐等其他氯化物环境	Ⅳ-C	C45	C40	C35	C30	C30
	Ⅳ-D	C50	C40	C35	C30	
	Ⅳ-E	C50	C45	C40	C35	
盐结晶环境	Ⅴ-D	C45	C40	C35	C30	C35
	Ⅴ-E	C50	C45	C40	C35	
	Ⅴ-F	C50	C45	C40	C35	
化学腐蚀环境	Ⅵ-C	C45	C40	C35	C30	C35
	Ⅵ-D	C45	C40	C35	C30	
	Ⅵ-E	C50	C45	C40	C35	
	Ⅵ-F	C50	C45	C40	C35	

续表5.3.2-1

环境名称	环境作用等级	预应力混凝土	钢筋混凝土			素混凝土
			上部结构	下部结构		
			梁、板、塔	桥墩、涵洞	承台、基础	
磨蚀环境	Ⅶ-C	C45	C40	C35	C30	C35
	Ⅶ-D	C50	C45	C40	C35	
	Ⅶ-E	C50	C45	C40	C35	

表5.3.2-2 隧道结构混凝土最低强度等级

环境作用影响程度	设计使用年限	
	100年	50年
A	C30	C25
B	C35	C30
C	C40	C35
D	C45	C40
E	C50	C45
F	C50	C50

条文说明

混凝土的强度是混凝土基本力学指标，直接关系到结构的耐久性。本条将混凝土最低强度等级与环境类别、作用等级相关联，以反映环境特点。其取值规定参考了国内外相关规范，并用材料性能劣化模型做了近似的计算校核。

5.3.3 应限制每立方米混凝土中胶凝材料的最低和最高用量，在保证强度的前提下，宜减少胶凝材料中的硅酸盐水泥用量。混凝土的最大水胶比和单位体积混凝土的胶凝材料用量宜按表5.3.3的规定执行。

表5.3.3 混凝土材料的最大水胶比和单位体积混凝土的胶凝材料用量

混凝土强度等级	最大水胶比	最小胶凝材料用量（kg/m³）	最大胶凝材料用量（kg/m³）
C25	0.55	275	400
C30	0.55	280	
C35	0.50	300	
C40	0.45	320	450
C45	0.40	340	
C50	0.36	360	480
C55	0.32	380	500
C60	0.30	400	530

注：大掺量矿物掺合料混凝土的水胶比不应大于0.42。

条文说明

孔隙中的游离水给混凝土的耐久性带来不利影响。在满足混凝土强度等级的前提下，限制混凝土的最大水胶比可以控制混凝土中游离水量，从而有效改善其抗渗性、密实性等耐久性能。

为保证拌合物的工作性，需限制胶凝材料的最小用量。此外，当胶凝材料用量过大时，过高的水化热会增加混凝土的开裂可能性。因此，胶凝材料的用量不宜过大或过小。

5.3.4 不同环境类别中的混凝土中矿物掺合料用量宜按表5.3.4的规定执行。使用普通硅酸盐水泥、矿渣水泥时，应将其中原有矿物掺合料与配制混凝土时加入的矿物掺合料用量一起计算。

表5.3.4 混凝土中矿物掺合料用量范围

混凝土类型	环境类别		水胶比	粉煤灰（%）	磨细矿渣（%）
钢筋混凝土	一般环境	Ⅰ	≤0.4	≤30	≤50
			>0.4	≤20	≤30
	冻融环境	Ⅱ	≤0.4	≤30	≤40
			>0.4	≤20	≤30
	近海或海洋氯化物环境/除冰盐等其他氯化物环境	Ⅲ/Ⅳ	≤0.4	30～50	50～80
			>0.4	20～40	30～60
	盐结晶环境	Ⅴ	≤0.4	≤40	≤50
			>0.4	≤30	≤40
	化学腐蚀环境	Ⅵ	≤0.4	30～50	40～60
			>0.4	20～40	30～50
	磨蚀环境	Ⅶ	≤0.4	≤30	≤40
			>0.4	≤20	≤30
预应力混凝土				≤30	≤50

注：1. 表中用量值为矿物掺合料占胶凝材料质量的百分比。
  2. 本表仅限于硅酸盐水泥或普通硅酸盐水泥。
  3. 以硫酸盐为主的化学腐蚀环境和近海或海洋氯化物环境，宜掺入磨细矿渣。
  4. 近海或海洋氯化物环境下，矿物掺合料复掺取单掺的最大值。

条文说明

本条参照了《混凝土结构耐久性设计与施工指南》[CCES 01—2004（2005年修订版）]、《铁路混凝土结构耐久性设计规范》（TB 10005—2010）、《海港工程混凝土结构防腐蚀技术规范》（JTJ 275—2000）等标准及相关最新研究成果。对处于海洋氯化物环境中的混凝土，宜将大掺量磨细矿渣作为胶凝材料的必需组分，磨细矿渣的最大掺量可达80%。

5.3.5 混凝土的抗冻耐久性指数不应小于表 5.3.5 的规定。

表 5.3.5 混凝土抗冻耐久性指数（%）

设计使用年限级别	100 年		50 年（30 年）	
环境条件	高度饱水	中度饱水	高度饱水	中度饱水
严寒地区	80	70	70	60
寒冷地区	70	60	60	50
微冻地区	60	60	50	45

注：1. 抗冻耐久性指数（DF）为混凝土试件经 300 次快速冻融循环后混凝土的动弹性模量 E_1 与其初始值 E_0 的比值，$DF = E_1/E_0$。如在达到 300 次循环之前 E_1 已降至初始值的 60% 或试件质量损失已达到 5%，以此时的循环次数 N 计算 DF 值，并取 $DF = (N/300) \times 0.6$。

2. 混凝土的抗冻耐久性应按现行《普通混凝土长期性能和耐久性能试验方法标准》（GB/T 50082）规定的快冻法进行检验。

5.3.6 对处于近海或海洋氯化物环境、除冰盐等其他氯化物环境下的钢筋混凝土结构，混凝土抗氯离子渗透性能应满足表 5.3.6 的规定。其他环境下，抗渗性能也可用电通量法和氯离子扩散系数法进行表征。

表 5.3.6 混凝土抗氯离子渗透性能

指标	环境作用等级					
	100 年			50 年（30 年）		
	Ⅲ-D/Ⅳ-D	Ⅲ-E/Ⅳ-E	Ⅲ-F/Ⅳ-F	Ⅲ-D/Ⅳ-D	Ⅲ-E/Ⅳ-E	Ⅲ-F/Ⅳ-F
氯离子扩散系数 D_{RCM}（10^{-12} m²/s）	<8	<5	<4	<10	<7	<5
电通量值（C）	<1 200	<800	<800	<1 500	<1 000	<800

注：1. 混凝土的氯离子扩散系数和电通量应按现行《普通混凝土长期性能和耐久性能试验方法标准》（GB/T 50082）规定的方法进行检验。

2. 表中规定的氯离子扩散系数 D_{RCM}，混凝土试样龄期为 28d。电通量试验的混凝土试样龄期为 56d。

5.3.7 混凝土内游离氯离子的总含量不应高于表 5.3.7 中的规定。

表 5.3.7 游离氯离子含量限值（%）

环境类别与作用等级	钢筋混凝土	预应力混凝土
Ⅱ、Ⅲ、Ⅳ	0.10	
Ⅰ-B、Ⅰ-C、Ⅴ、Ⅵ	0.20	0.06
Ⅰ-A、Ⅶ	0.30	

注：以胶凝材料质量百分数计。

条文说明

由于预应力筋处于高应力状态，更易产生应力腐蚀，因而对预应力混凝土的氯离子含量限值的规定更加严格。

5.3.8 应限制单位体积混凝土中的碱含量。混凝土中的最大碱含量不应大于表5.3.8的规定。对于特大桥和大桥的混凝土，最大碱含量宜为1.8kg/m³。

表5.3.8 混凝土最大碱含量限值

环 境 条 件		碱含量（kg/m³）
干燥环境（RH＜75%）		3.0
潮湿环境（RH≥75%）	集料无活性	
	集料有活性	严格控制混凝土碱含量并掺加矿物掺合料

注：混凝土中的碱含量指所有组分碱物质含量之和，以等效 Na_2O 当量的水溶碱计。

条文说明

为防止混凝土可能发生的碱-集料反应、钙矾石延迟反应和软水对混凝土的溶蚀，需在设计中采取相应的措施。

5.3.9 单位体积混凝土中的硫化物及硫酸盐含量（以 SO_3 计）不应超过胶凝材料总质量的4%。

5.3.10 混凝土的抗硫酸盐冻融循环性能应按表5.3.10的规定执行。

表5.3.10 混凝土抗硫酸盐结晶侵蚀性能

环境作用等级	抗硫酸盐结晶破坏等级	
	100 年	50 年（30 年）
V-D	≥KS 90	≥KS 60
V-E	≥KS 120	≥KS 90
V-F	≥KS 150	≥KS 120

注：1. 混凝土抗硫酸盐结晶破坏等级以混凝土抗压强度耐蚀系数下降到不低于75%时的最大干湿循环次数来确定，并以符号 KS 来表示。
2. 混凝土抗硫酸盐结晶干湿循环次数应按现行《普通混凝土长期性能和耐久性能试验方法标准》（GB/T 50082）规定的方法进行检验。

5.3.11 磨蚀环境下，混凝土的耐磨性能应通过专门的试验研究确定。

5.4 水泥基灌浆材料

5.4.1 应采用具有可灌注的流动性、微膨胀、不离析、不泌水、硬化快、早期强度高等性能特点的水泥基灌浆材料。

5.4.2 预应力混凝土孔道灌浆材料应采用 PO/P Ⅱ 42.5 以上强度等级的硅酸盐水泥或普通硅酸盐水泥配制。

5.4.3 水泥基灌浆材料的基本技术指标应按现行《公路桥涵施工技术规范》（JTG/T F50）的相关要求执行。

5.4.4 水泥基灌浆材料中氯离子总量不应超过胶凝材料质量的 0.06%。

5.4.5 水泥基灌浆材料的抗渗透性能采用氯离子扩散系数或电通量作为评价指标，宜符合表 5.3.6 的规定。

6 桥涵

6.1 一般规定

6.1.1 桥涵混凝土结构设计应满足耐久性的构造要求，并遵循可检查、可维修的基本原则，主要内容包括：
1 减轻环境作用的结构形式、布置和构造细节；
2 钢筋的混凝土保护层最小厚度要求；
3 混凝土裂缝控制要求；
4 防水、排水等构造措施；
5 后张预应力体系的防护要求；
6 后期检修和维护的可到达与操作空间要求。

6.1.2 桥涵混凝土结构的几何形体应简明、平顺，轮廓尺寸变化处不宜采用尖锐棱角。

条文说明

传力路径简明的结构几何形体有助于提高结构效率，平顺的几何外形可减少形体突变引起的应力集中，发挥材料强度，减轻桥梁病害。

6.1.3 桥梁结构的选型应注重结构的连续性和冗余度，不宜采用带铰或带挂孔的悬臂梁或T形刚构桥梁。

条文说明

调查表明，既有带铰或带挂孔的悬臂梁及T形刚构桥，在铰缝两侧的转角变形会引起行车不平顺；支承铰处应力集中明显，受力复杂，容易造成混凝土开裂等病害；水和腐蚀性介质在铰缝处的渗漏会给桥梁耐久性造成不利影响。支承在隐形盖梁上的台阶形梁端构造，也存在类似问题。

6.1.4 对于总长不大于150m的中小跨径混凝土桥梁，可采用整体式或半整体式无缝桥梁。

条文说明

桥面伸缩装置在桥梁长期运营中易遭受破坏，需频繁修补或更换，严重影响桥梁耐久性，每年因伸缩装置损坏、跳车、伸缩缝渗漏等问题造成的直接和间接经济损失不可估量。整体式（半整体式）无缝桥梁，在美国等许多西方国家得到广泛应用，与有伸缩缝桥梁相比，整体式（半整体式）构造具有路面平稳、整体性好、冗余度高的优点，可避免因设置伸缩缝所带来一些耐久性问题。目前我国对无缝桥梁的研究与应用尚少，值得重视与推广。图6-1给出了整体式和半整体式桥台的构造示例。

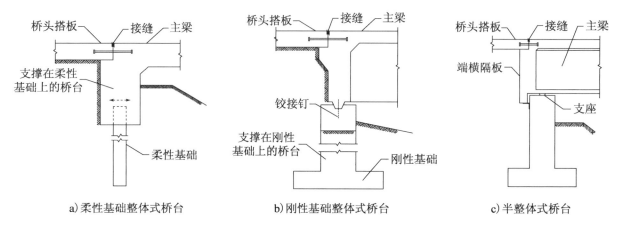

图 6-1 整体式和半整体式桥台构造示例

6.1.5 桥涵排水系统应完整、通畅、便于维修。

条文说明

水是诱发多种环境侵蚀的主要通道，通过完善的防排水系统，避免雨水积存在构件表面和箱室内部，是保障结构耐久性的一项重要措施。

6.1.6 应及时修补桥涵混凝土缺损及有害裂缝，防止雨水或其他有害物质的进一步侵蚀。

6.1.7 暴露在桥涵混凝土构件外的钢预埋件（紧固件、连接件等），应采取有效的防腐措施。

6.2 钢筋的混凝土保护层

6.2.1 混凝土桥涵结构中，钢筋的混凝土保护层最小厚度应符合表6.2.1的规定。

表 6.2.1 桥涵结构的混凝土保护层最小厚度 c_{min}（mm）

环境类别	环境作用等级	梁、板、塔、拱圈、涵洞上部		墩台身、涵洞下部		承台、基础	
		100年	50年/30年	100年	50年/30年	100年	50年/30年
一般环境	Ⅰ-A	20	20	25	20	40	40
	Ⅰ-B	25	20	30	25	40	40
	Ⅰ-C	30	25	35	30	45	40
冻融环境	Ⅱ-C	30	25	35	30	45	40
	Ⅱ-D	35	30	40	35	50	45
	Ⅱ-E	35	30	40	35	50	45
近海或海洋氯化物环境	Ⅲ-C	35	30	45	40	65	60
	Ⅲ-D	40	35	50	45	70	65
	Ⅲ-E	40	35	50	45	70	65
	Ⅲ-F	40	35	50	45	70	65
除冰盐等其他氯化物环境	Ⅳ-C	30	25	35	30	45	40
	Ⅳ-D	35	30	40	35	50	45
	Ⅳ-E	35	30	40	35	50	45
盐结晶环境	Ⅴ-D	30	25	40	35	45	40
	Ⅴ-E	35	30	45	40	50	45
	Ⅴ-F	40	35	45	40	55	50
化学腐蚀环境	Ⅵ-C	35	30	40	35	60	55
	Ⅵ-D	40	35	45	40	65	60
	Ⅵ-E	40	35	45	40	65	60
	Ⅵ-F	40	35	50	45	70	65
磨蚀环境	Ⅶ-C	35	30	45	40	65	60
	Ⅶ-D	40	35	50	45	70	65
	Ⅶ-E	40	35	50	45	70	65

注：1. 表中保护层最小厚度值是按本规范第5.3.2条要求的混凝土最低强度等级规定的。对于混凝土强度高于最低等级5MPa以上或采用工厂预制的混凝土构件，其保护层最小厚度值可最多减小5mm，但不得小于20mm。
2. 若表中保护层厚度小于被保护主筋的直径，则取主筋的直径。
3. 表中承台和基础的保护层最小厚度，针对的是基底无垫层或侧面无模板的情况。对于有垫层或有模板的情况，最小保护层厚度可将表中相应数值减少20mm，但不得小于40mm。

条文说明

从混凝土碳化、脱钝和钢筋锈蚀的耐久性角度考虑，本规范规定的混凝土保护层厚度以最外层钢筋（包括纵向钢筋、箍筋和分布钢筋）的外缘计算。

本条将保护层最小厚度取值与环境类别、作用等级、结构部位以及混凝土强度等级相关联，以反映环境、构造与材料的特点。其取值规定参考了国内外相关规范，并用材料劣化模型做了近似的计算校核。

6.2.2 当构件受拉侧钢筋的混凝土保护层厚度大于 50mm 时，可在保护层内增设抗裂措施。

条文说明

当构件的混凝土保护层厚度超过 50mm 时，会引起对保护层混凝土开裂或剥落的担忧。特别是对于压弯构件的受拉侧，可在保护层内配置钢筋网片（或非金属网片），并对其采取有效的绝缘与定位措施。

实际上，对于不会出现拉应力的墩柱类受压构件，可以不在厚保护层内增设钢筋网片。近年来，国外桥梁工程墩柱的保护层厚度普遍较大，例如：加拿大联邦大桥（Confederation Bridge）墩柱的保护层厚度为 75～100mm，丹麦大贝尔特大桥（Great Belt Link）桥墩保护层厚度为 75mm。我国杭州湾跨海大桥部分桥墩的保护层厚度也达到了 75mm。这些桥墩并没有在保护层内设钢筋网片。

6.3 裂缝控制

6.3.1 桥涵钢筋混凝土构件和 B 类预应力混凝土构件，其计算的最大裂缝宽度不应超过表 6.3.1 规定的限值。

表 6.3.1 混凝土桥涵构件的最大裂缝宽度限值

环境类别	环境作用等级	最大裂缝宽度限值（mm）	
		钢筋混凝土构件	B 类预应力混凝土构件
一般环境	Ⅰ-A		0.10
	Ⅰ-B	0.20	0.10
	Ⅰ-C		0.10
冻融环境	Ⅱ-C	0.20	0.10
	Ⅱ-D	0.15	禁止使用
	Ⅱ-E	0.10	禁止使用
近海或海洋氯化物环境	Ⅲ-C	0.15	0.10
	Ⅲ-D	0.15	禁止使用
	Ⅲ-E、Ⅲ-F	0.10	禁止使用
除冰盐等其他氯化物环境	Ⅳ-C	0.15	0.10
	Ⅳ-D	0.15	禁止使用
	Ⅳ-E	0.10	禁止使用

续表 6.3.1

环 境 类 别	环境作用等级	最大裂缝宽度限值（mm）	
		钢筋混凝土构件	B 类预应力混凝土构件
盐结晶环境	V-D、V-E、V-F	0.10	禁止使用
化学腐蚀环境	VI-C	0.15	0.10
	VI-D、VI-E、VI-F	0.10	禁止使用
磨蚀环境	VII-C	0.20	0.10
	VII-D、VII-E	0.15	禁止使用

6.3.2 现浇合龙段、湿接缝等后浇部位，可适当使用膨胀剂或掺加纤维材料，或采取其他抗裂工艺措施。

条文说明

桥梁中的合龙段、湿接缝和叠层浇筑混凝土的部位，受新老混凝土界面约束影响，容易产生裂缝。除采用恰当的材料外，还可通过控制合龙温度、减少龄期差、改善新旧混凝土接触面条件等措施，提高抗裂性。

6.3.3 对于大跨径预应力混凝土梁桥，预应力设计应满足合理成桥状态要求，以提高结构的抗裂性。

条文说明

调查表明，采用悬臂施工技术的大跨径预应力混凝土梁桥普遍存在开裂和持续下挠问题。对此，可通过纵向预应力筋的优化配置，使桥梁处于合理成桥状态（即合理的受弯状态、受剪状态和应力状态），以抵消混凝土收缩徐变、预应力长期损失等不确定性的影响，达到提高混凝土桥梁抗裂性和减少长期下挠的目的。

6.4 构造措施

6.4.1 桥梁支座部位的构造，应考虑检查、维护和更换的可实施性。

条文说明

桥梁支座设计应考虑其可检修、可更换性。例如：设置到达支座位置的扶梯和检修车，预留方便检查和维修的操作平台，在墩顶或盖梁上预留放置千斤顶等提升设备的操作空间，为后期搭设检修平台设置预埋件或对穿精轧螺纹钢筋的孔洞等。

6.4.2 对于混凝土大截面箱梁、空心墩、空心桥塔等构件，宜设置内部检修通道。

6.4.3 对于桥梁护栏、人行道等构件，宜沿纵向分段设置横向切缝或贯通缝。

6.4.4 桥涵排水系统宜与周围挡墙、路基等排水系统协调，保证水流汇集并排出桥涵范围。桥涵的防排水设计应符合下列规定：

1 桥面横坡不宜小于1.5%，桥面铺装应能防止雨水渗透至结构混凝土表面。其他受雨淋或可能积水的表面也应做成坡面，并采取可靠的防渗和排水构造措施，避免水和腐蚀性介质侵蚀混凝土表面。

2 对于混凝土梁外侧翼缘，应设置滴水檐、滴水槽或其他防止雨水流向混凝土梁侧面的构造措施。

3 节段预制拼装桥梁的接缝面应能阻止雨水侵入。

4 应防止桥面雨水从桥梁伸缩缝装置处渗流到梁端和墩台。

5 箱梁侧壁和底板应预留通风孔和排水孔，保证箱室内外通气和排水性能。

条文说明

桥涵防水设计要注意整体性，既要充分重视桥面部分的防水设计，也要满足桥梁伸缩装置、接缝等部位的防水要求。此外，桥涵防排水系统构件的使用寿命通常较短，应方便可检、可修、可换。下面给出了桥梁防排水的一些构造示例。

（1）伸缩缝处防排水构造示例（图6-2）。伸缩缝处是桥梁防排水设计的关键点。伸缩缝装置应采用隔、防水型伸缩缝，阻止桥面雨水渗流侵蚀到梁端和墩台。同时，梁端宜预留操作空间，以方便伸缩缝装置的检修、维护和更换等工作。

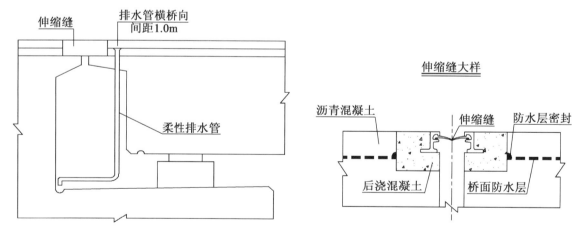

图6-2 伸缩缝处排水构造示例

（2）混凝土梁外侧翼缘防水构造示例（图6-3）。普通墙式护栏没有延伸至边梁翼缘板外侧包裹边梁，可设置滴水槽，防止水流顺梁体流到主梁造成梁体腐蚀；垂裙式墙式护栏可以有效防止水直接排到翼缘板和肋板，水流顺着垂裙式墙式护栏自然流出，不会倒流至梁身造成梁体侵蚀。

(3)预应力锚头防水构造示例(图6-4)。可在封端混凝土外侧涂刷防水涂层,并设置滴水槽等排水构造。

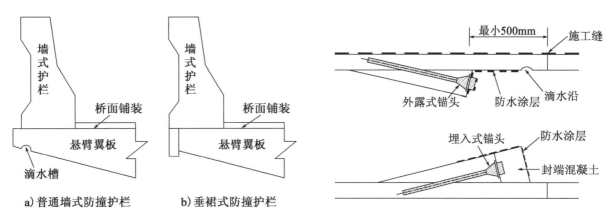

图6-3 混凝土梁外侧翼缘防水构造示例　　　　图6-4 预应力锚头防水构造示例

(4)桥台与翼墙的防水构造示例(图6-5)。桥台和耳墙受到其背后、侧面及前面填料渗水的侵蚀,可在与填料接触的所有混凝土表面进行沥青涂层防护。

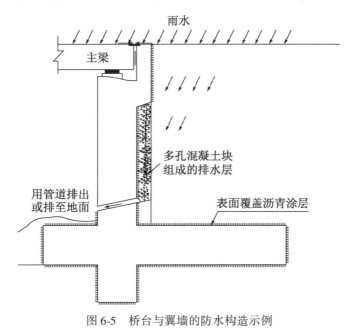

图6-5 桥台与翼墙的防水构造示例

6.5 后张预应力混凝土桥梁

6.5.1 后张预应力混凝土桥梁的体内预应力筋(钢绞线、钢丝)应选用多重防护措施,其防护措施类型可根据表6.5.1进行划分。

表6.5.1 体内预应力筋的防护措施类型

编号及类型		构造措施或要求
PS1	预应力筋防腐表层	环氧涂层等
PS2	管道内部填充	水泥基浆体等

续表6.5.1

编号及类型		构造措施或要求
PS3	预埋管道或防护套管	镀锌金属波纹管、塑料波纹管等
PS4	混凝土保护层	符合本规范表6.2.1的最小保护层厚度规定
PS5	混凝土表面处理	表面涂层、憎水处理和防腐面层，符合本规范第8.4节的相关规定

条文说明

后张预应力体系的多重防护措施，最初在美国《佛罗里达州后张预应力桥梁新指南》（*New Directions for Florida Post-Tensioned Bridges*）中提出。我国《混凝土结构耐久性设计规范》（GB/T 50476—2008）也规定了后张力筋的多重防护措施。

本条列出了体内预应力筋的多重防护措施选项，自内至外用编号PS1、PS2、PS3、PS4和PS5表示（图6-6）。这里的预应力筋主要指对锈蚀敏感的钢绞线和钢丝，不包括热轧高强粗钢筋。

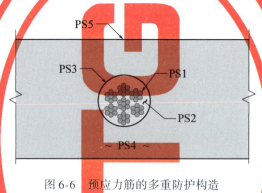

图6-6 预应力筋的多重防护构造

6.5.2 体内预应力筋的基本防护构造措施包括PS2、PS3和PS4。当环境作用等级为D级及以上时，可根据表6.5.2增加防护措施PS1、PS5。

表6.5.2 后张预应力筋的附加防护措施

环境类别	环境作用等级	体内预应力筋	
		PS1	PS5
冻融环境	Ⅱ-D、Ⅲ-E	—	△
近海或海洋氯化物环境	Ⅲ-D、Ⅲ-E	△	△
	Ⅲ-F	○	○
除冰盐等其他氯化物环境	Ⅳ-D	—	△
	Ⅳ-E	△	○
盐结晶环境	Ⅴ-D、Ⅴ-E、Ⅴ-F		△
化学腐蚀环境	Ⅵ-D、Ⅵ-E	△	△
	Ⅵ-F	○	○

注：表中"○"表示宜采用；"△"表示可采用；"—"表示一般不采用。

条文说明

体内预应力筋孔道内水泥浆的碱性一般可以防止预应力筋锈蚀，同时考虑环氧涂层钢筋的成本较大，因而仅在氯化物以及化学腐蚀环境下，才建议采用环氧涂层措施（PS1）。

6.5.3 体外预应力筋可采用填充型环氧涂层钢绞线、无黏结钢绞线或者钢绞线成品索。

条文说明

无黏结钢绞线中的绞线可采用光面钢绞线、单丝涂覆环氧涂层钢绞线、镀锌钢绞线或镀锌铝合金钢绞线等，并带有高密度聚乙烯（HDPE）护套以及防腐油脂或油性蜡等填料。钢绞线成品索，是指在填充型环氧涂层钢绞线束或无黏结钢绞线束之外再热挤一层HDPE的集成索体。

当采用填充型环氧涂层钢绞线或无黏结钢绞线作为体外预应力筋时，有时在钢绞线束之外敷设大直径PE套管，但在套管两端、套管之间及套管接缝处无须密封，因其主要目的是防止意外损伤，本规范不将其作为一种耐久性防护措施规定。

6.5.4 预应力锚头（埋入式、暴露式）的多重防护措施类型可根据表6.5.4进行划分。

表6.5.4 预应力锚头的防护措施类型

编号及类型		构造措施或要求
PA1	锚具防腐表层	锚具表面镀锌、发蓝处理或其他防腐面层
PA2	锚具封裹或封罩内锚具防护处理	砂浆、专用防腐油脂或油性蜡等
PA3	锚头封罩	带有防腐防渗涂层或其他耐腐蚀材料的锚头封罩
PA4	锚固端封填	细石混凝土材料（满足本规范第5.2.3条的要求）
PA5	封填混凝土表面处理	表面防水或防腐涂层，符合本规范第8.4节的相关规定

条文说明

埋入式锚头指埋入结构轮廓之内且用混凝土封裹的锚头，其完整防护措施自内至外有PA1、PA2、PA3、PS4和PS5；暴露式锚头指突出于结构轮廓之外且不用混凝土封裹的锚头，其完整防护措施自内至外有PA1、PA2和PA3，一般用于可更换的体外预应力，有时也用于箱室内齿板上的体内预应力。

6.5.5 预应力埋入式锚头的基本防护构造措施包括PA1、PA2和PA4，暴露式锚头的基本防护构造措施包括 PA1 和 PA2。当环境作用等级为 D 级及以上时，可根据表 6.5.5 增加防护措施。

表 6.5.5 预应力锚头的附加防护措施

环境类别	环境作用等级	埋入式锚头 PA3	埋入式锚头 PA5	暴露式锚头 PA3
冻融环境	Ⅱ-D、Ⅱ-E	△	△	△
近海或海洋氯化物环境	Ⅲ-D、Ⅲ-E	△	○	○
	Ⅲ-F	○	○	○
除冰盐等其他氯化物环境	Ⅳ-D	△	○	○
	Ⅳ-E	○	○	○
盐结晶环境	Ⅴ-D、Ⅴ-E、Ⅴ-F	△	○	○
化学腐蚀环境	Ⅵ-D、Ⅵ-E	△	○	○
	Ⅵ-F	○	○	○

注：表中"○"表示宜采用；"△"表示可采用；"—"表示一般不采用。

条文说明

本条将锚具的防腐处理（PA1）、水泥砂浆封裹（PA2）和细石混凝土封填锚固端（PA4）作为埋入式锚头的基本防护构造措施。在环境作用等级较严重时，需要在锚具后面增加封罩（PA3）以及对锚固端封填混凝土增加表面防水或防腐涂层（PA5）。

6.5.6 预应力埋入式锚头宜采用微膨胀等细石混凝土封端，其水胶比不得大于梁体混凝土的水胶比，且不应大于 0.4。保护层厚度不应小于 50mm，且在氯化物环境中不应小于 80mm。

6.5.7 对于配置体外预应力筋的桥梁，应保证一部分或全部体外预应力筋在运营期可以更换及再次张拉。

条文说明

体内预应力孔道灌浆不密实往往成为耐久性的薄弱环节，对于梁高较大的中等跨径及大跨径桥梁，设计中可采用体内-体外混合配筋或全体外预应力筋。利用体外预应力筋的可更换构造和箱室内作业空间，保证体外预应力筋可检查、可维修、可更换以及再次张拉。

6.6 预制拼装混凝土桥涵

6.6.1 混凝土桥涵宜采用预制装配工业化建造技术，提高混凝土结构的耐久性。

6.6.2 对于混凝土桥梁上部结构及桥墩等，可采用整孔、大件或分节段的预制拼装架设技术。

条文说明

对混凝土桥梁进行整孔、大件或分节段的工厂化预制以及吊装架设，是现代混凝土桥梁工业化的发展方向。与现场原位浇筑混凝土作业相比，工厂化预制有利于早期养护，延长混凝土龄期，减少收缩徐变，保障混凝土质量。

节段预制拼装桥梁在欧美得到较广泛应用，据美国节段桥梁协会（ASBI）在20世纪90年代初的一项调查统计，美国和加拿大境内的109座节段预制拼装施工桥梁在运营30年后状态良好，具有很好的耐久性。

6.6.3 预制节段间的连接应采用环氧树脂类胶结缝或现浇混凝土湿接缝，不宜采用干接缝。在体内预应力筋穿过拼装接缝面处，宜设置密封垫圈。

6.6.4 对于采用灌浆套筒或灌浆波纹管连接的预制拼装桥墩，金属套筒或波纹管的保护层厚度应符合表6.2.1的规定。

6.6.5 预制混凝土涵洞拼接缝应具有密水性，且能够抵抗地基不均衡沉降的影响。

6.6.6 对于预制和现浇混凝土结合部位，宜采用糙化处理保证结合面的整体性。

7 隧道

7.1 一般规定

7.1.1 隧道混凝土结构应采用满足耐久性要求的构造设计，并遵循可检查、可维修的基本原则，主要内容包括：
1 有利于减轻环境作用的结构形式、布置和构造；
2 钢筋的混凝土保护层最小厚度要求；
3 混凝土裂缝控制要求；
4 防水、排水等构造措施。

7.1.2 应结合隧道工程特点、地形地质条件、水文地质情况及勘测资料，进行隧道的防排水设计，并应符合下列规定：
1 对地表水和地下水应妥善处理，使洞内外形成完整、通畅、便于维修的防排水系统。
2 衬砌结构应有可靠的防排水设计，二次衬砌防水应以混凝土自防水为主，其施工缝和变形缝处应加强防水措施。

7.1.3 隧道衬砌结构的形状和布置应便于施工时混凝土的捣固与养护，并应有利于通风和减少水汽在混凝土表面积聚。衬砌结构的外形宜力求简单，减少暴露的表面积和棱角，减少约束及荷载作用下的应力集中。

7.2 钢筋的混凝土保护层

7.2.1 隧道衬砌结构中，钢筋的混凝土保护层最小厚度应符合表 7.2.1 的规定。

表 7.2.1 隧道衬砌结构的混凝土保护层最小厚度 c_{min}（mm）

环境类别	环境作用等级	设计使用年限 100 年	设计使用年限 50 年/30 年
一般环境	Ⅰ-A	30	20
	Ⅰ-B	30	20
	Ⅰ-C	40	30

续表 7.2.1

环境类别	环境作用等级	设计使用年限 100 年	设计使用年限 50 年/30 年
冻融环境	Ⅱ-C	40	30
	Ⅱ-D	45	40
	Ⅱ-E	50	45
近海或海洋氯化物环境	Ⅲ-C	40	30
	Ⅲ-D	45	40
	Ⅲ-E	50	45
	Ⅲ-F	55	50
除冰盐等其他氯化物环境	Ⅳ-C	40	30
	Ⅳ-D	45	40
	Ⅳ-E	50	45
盐结晶环境	Ⅴ-D	45	40
	Ⅴ-E	50	45
	Ⅴ-F	55	50
化学腐蚀环境	Ⅵ-C	40	30
	Ⅵ-D	45	40
	Ⅵ-E	50	45
	Ⅵ-F	55	50

注：1. 表中保护层厚度最小值是按本规范第 5.3.2 条要求的最低混凝土强度等级规定的。当混凝土强度高于最低等级 5MPa 以上时，保护层厚度最小值可最多减小 5mm，但不得小于 20mm。
2. 若表中保护层厚度小于被保护钢筋的直径，则取钢筋直径值。
3. 表中保护层厚度值不适用于直接接触土体浇筑的混凝土以及钢筋网喷射混凝土。

7.2.2 对于直接接触土体浇筑的模筑钢筋混凝土衬砌，保护层厚度不应小于 70mm；对于直接接触喷射混凝土或防水板浇筑的模筑混凝土，保护层厚度不应小于 60mm；对于钢筋网喷射混凝土，钢筋网的混凝土保护层厚度不应小于 20mm。

7.2.3 对于喷射混凝土内设置的钢架，当围岩内的环境作用等级为 C 级及以下时，钢架靠围岩一侧的混凝土保护层厚度不应小于 40mm；当围岩内的环境作用等级为 D 级及以上时，钢架靠围岩一侧的混凝土保护层厚度不应小于 60mm。临空面一侧的混凝土保护层厚度不宜小于 20mm。

7.3 裂缝控制

7.3.1 隧道衬砌结构，其计算的最大裂缝宽度不应超过表 7.3.1 规定的限值。

表 7.3.1 隧道衬砌结构的最大裂缝宽度限值

环境类别	环境作用等级	最大裂缝宽度限值（mm）
一般环境	Ⅰ-A、Ⅰ-B	0.20
	Ⅰ-C	0.15
冻融环境	Ⅱ-C	0.20
	Ⅱ-D	0.15
	Ⅱ-E	0.10
近海或海洋氯化物环境	Ⅲ-C、Ⅲ-D	0.15
	Ⅲ-E、Ⅲ-F	0.10
除冰盐等其他氯化物环境	Ⅳ-C、Ⅳ-D	0.15
	Ⅳ-E	0.10
盐结晶环境	Ⅴ-D	0.15
	Ⅴ-E、Ⅴ-F	0.10
化学腐蚀环境	Ⅵ-C	0.15
	Ⅵ-D、Ⅵ-E、Ⅵ-F	0.10

7.3.2 当隧道衬砌采用素混凝土结构时，应采取有效的混凝土防裂措施。

条文说明

当隧道内衬砌采用素混凝土时，通常在混凝土中适当添加纤维等材料，提高抗裂性。

7.4 构造措施

7.4.1 隧道结构的施工缝、伸缩缝等接缝部位，宜避开不利的环境作用。当可能遭受腐蚀性环境侵蚀时，应对接缝部位加强防排水、封堵措施，并宜采取附加防腐蚀措施。

7.4.2 框架混凝土结构的表面形状应有利于排水，对可能受雨淋或积水的部位，宜设置倾斜面。对可能产生蓄水的部位，宜设置排水通道。排水管的出口不得紧贴混凝土构件表面，宜离开混凝土构件表面一定距离。

7.4.3 有防水要求的钢筋混凝土构件，其每侧暴露面上表层分布钢筋的最小配筋率不宜低于0.4%，分布钢筋的间距不宜大于300mm。

条文说明

最小配筋率的计算方法：单位长度内一侧分布钢筋面积与 $0.5h$ 之比，其中 h 为构件厚度，当 h 大于 500mm 时，按 500mm 计算。

7.4.4 处于 D 级以下环境作用等级下的构件，受力钢筋直径不应小于 16mm；处于 D 级及以上环境作用等级下的构件，受力钢筋直径不应小于 20mm。

7.4.5 暴露在隧道混凝土构件外的钢预埋件（吊环、紧固件、连接件等），其埋入混凝土中的锚固部分应与混凝土构件中的其他钢筋相隔离。

条文说明

暴露在混凝土外的钢构件容易锈蚀，若这些构件和混凝土构件内的钢筋相接触，易形成电化学腐蚀的阴阳极，加速混凝土内钢筋的锈蚀。

7.4.6 隧道钢筋混凝土受压构件中，全部纵向受力钢筋的截面最小配筋率不应低于 0.6%。隧道钢筋混凝土受弯构件、偏心受拉和轴心受拉构件中，一侧受拉钢筋的截面最小配筋率应符合表 7.4.6 的规定。

表 7.4.6　隧道钢筋混凝土构件一侧受拉钢筋的截面最小配筋率

混凝土强度等级	C20	C25	C30	C40	C50
最小配筋率（%）	0.20	0.20	0.20	0.25	0.30

注：当钢筋沿构件截面周边布置时，"一侧纵向钢筋"指沿受力方向两个对边中的一边所布置的纵向钢筋。

条文说明

本条主要参考了《公路隧道设计细则》（JTG/T D70—2010）第 13.9.8 条的规定。受压构件的全部纵向钢筋的配筋率以及轴心受拉构件和小偏心受拉构件一侧受拉钢筋的配筋率，应按构件的全截面面积计算；受弯构件或大偏心受拉构件一侧受拉钢筋的配筋率，应按全截面面积扣除受压翼缘面积后的截面面积计算。

8 防腐蚀附加措施

8.1 一般规定

8.1.1 对处于 D 级及以上环境作用等级下的构件，在改善混凝土密实性、满足规定保护层厚度和养护时间的基础上，宜采取防腐蚀附加措施进一步提高混凝土结构耐久性。

条文说明

　　防腐蚀附加措施是在混凝土结构本身的耐久性要求满足相应规定的基础上附加的技术措施。当工程所处环境十分恶劣又无相似工程经验可以借鉴，或工程的设计标准高、构件尺寸和形状受限时，防腐蚀附加措施的应用是整个结构中完整的防腐蚀体系构成之一。

8.1.2 防腐蚀附加措施可选用下列五种方法：M1——涂层钢筋和耐蚀钢筋；M2——钢筋阻锈剂；M3——混凝土表面处理（包括：M3-1 表面涂层、M3-2 表面憎水、M3-3 防腐面层）；M4——透水模板衬里；M5——电化学保护。

8.1.3 根据结构所处的环境类别和作用等级，宜按表 8.1.3 选用合理的防腐蚀附加措施。

表 8.1.3 防腐蚀附加措施选用原则

环境类别与作用等级		防腐蚀附加措施						
		M1	M2	M3			M4	M5
				M3-1	M3-2	M3-3		
一般环境	Ⅰ-C	—	—	○	—	—	—	—
冻融环境	Ⅱ-D	—	—	—	○	—	△	—
	Ⅱ-E	—	—	—	○	—	△	—
海洋氯化物环境	Ⅲ-D	△	○	△	○	△	△	—
	Ⅲ-E，Ⅲ-F	○	△	○	○	△	△	○
除冰盐等其他氯化物环境	Ⅳ-D	—	○	△	○	△	△	—
	Ⅳ-E	△	○	△	○	△	△	—

续表 8.1.3

环境类别与作用等级		防腐蚀附加措施						
		M1	M2	M3			M4	M5
				M3-1	M3-2	M3-3		
盐结晶环境	Ⅴ-D	△	△	○	△	△	△	—
	Ⅴ-E，Ⅴ-F	○	○	○	△	○	△	—
化学腐蚀环境	Ⅵ-D	△	△	△	△	△	△	—
	Ⅵ-E，Ⅵ-F	○	○	○	△	○	△	—
磨蚀环境	Ⅶ-D	—	—	△	△	○	△	—
	Ⅶ-E	—	△	△	△	○	△	—

注：表中"○"表示宜采用；"△"表示可采用；"—"表示一般不采用。

8.2 涂层钢筋或耐蚀钢筋

8.2.1 采用涂层钢筋时，应符合下列规定：

1 环氧涂层钢筋主要适用于盐腐蚀环境和 D 级及以上化学腐蚀环境的混凝土结构，并应符合表 8.1.3 的选用原则。

2 环氧涂层钢筋的相应技术指标应符合表 8.2.1 的规定。

表 8.2.1 环氧涂层钢筋的技术指标

序号	项 目		技 术 指 标
1	厚度（μm）	≥95% 概率	180～300
		单个记录	≥140
2	连续性		涂层固化后无孔洞、空隙、裂缝和其他可见缺陷；每米长度上的漏点数目不应超过 3 个，小于 300mm 长的涂层钢筋漏点数不超过 1 个
3	可弯性		试样弯曲外表面上没有肉眼可见的裂纹或剥落现象
4	附着性	阴极剥离	剥离半径≤2mm
		盐雾试验	剥离半径≤3mm
5	黏结强度		不小于无涂层钢筋与混凝土黏结强度的 85%
6	涂层损伤		不超过每米环氧涂层钢筋总体表面积的 0.5%

注：相应的试验方法按现行《钢筋混凝土用环氧涂层钢筋》（GB/T 25826）的规定执行。

3 环氧涂层钢筋宜与高性能混凝土配合使用。环氧涂层钢筋可与钢筋阻锈剂同时使用，但不应与阴极保护联合使用。

4 环氧涂层钢筋的原材料、加工工艺、质量检验及验收标准，应符合现行《钢筋混凝土用环氧涂层钢筋》（GB/T 25826）的规定。

5 环氧涂层钢筋的锚固长度应为普通钢筋锚固长度的 1.25 倍。受拉钢筋的搭接长度应为无涂层钢筋的 1.5 倍；受压钢筋的搭接长度应为无涂层钢筋的 2.0 倍，且不应小于 250mm。

6 采用环氧涂层钢筋的混凝土构件，其承载力、裂缝宽度和刚度的计算可采用普通钢筋混凝土构件的计算方法，但裂缝宽度的允许值应降低20%，刚度的计算值应降低10%。

7 在整个施工过程中应随时检验涂层缺陷，每米涂层钢筋上小于25mm²涂层缺陷的总面积不应超过钢筋表面积的0.1%。

8 架立环氧涂层钢筋时，不宜采用无涂层钢筋，绑扎环氧涂层钢筋应采用尼龙、环氧树脂、塑料或其他材料包裹的铁丝。架立环氧涂层钢筋的垫座、垫块，应以尼龙、环氧树脂、塑料或其他柔软材料包裹。同一构件中，环氧涂层钢筋与无涂层钢筋应绝缘连接。

9 环氧涂层钢筋架立后，不宜在其上行走，应防止工具或重物跌落其上，并应规定可移动设备的位置，以免损伤环氧涂层钢筋。浇筑混凝土前，应检查环氧涂层钢筋的涂层，尤其是剪切端头处，如有损伤应及时修补，待修补材料固化后，方可浇筑混凝土。

10 环氧涂层钢筋在施工操作时应避免损伤涂层，当钢筋表面的环氧涂层出现破损时，应采用专用环氧涂层材料进行修复。浇筑混凝土时，宜采用附着式振动器振捣。如采用插入式振动器，应用塑料或橡胶等将振动器包裹。

条文说明

2、5 环氧涂层钢筋一旦失效无法更换，它与阻锈剂联合使用时，具有叠加的保护效果。环氧涂层钢筋由于表面光滑，胶结-摩阻力低，咬合作用也因容易滑脱而受影响，致使黏结性能减弱，黏结强度降低。本规范参考相关规范的规定，偏安全地规定了环氧涂层钢筋的黏结强度和锚固长度。

6 有关试验研究表明，与无涂层钢筋的钢筋混凝土构件相比，配涂层钢筋的混凝土构件，其承载力基本相同时，刚度降低0~11.3%，钢筋应变不均匀系数增大6.2%，平均裂缝宽度增大10.8%。鉴于此，这里偏安全地规定了配涂层钢筋的混凝土构件的刚度和裂缝宽度限值。

10 环氧涂层钢筋在施工过程中造成的表面涂层破损，80%是在混凝土密实过程中产生的，因此，减少与防止混凝土密实过程中造成的涂层损坏是非常必要的。

8.2.2 采用耐蚀钢筋时，应符合下列规定：

1 对于使用年限在100年及以上，环境作用等级为E级且特别重要工程，宜选用耐蚀钢筋。

2 耐蚀钢筋的力学及工艺性能、疲劳性能、晶粒度、表面质量应符合现行《钢筋混凝土用钢 第2部分：热轧带肋钢筋》（GB/T 1499.2）相关条款的规定。

3 耐蚀钢筋不应与普通钢筋直接连接。耐蚀钢筋宜使用机械连接，机械连接接头应使用耐腐蚀合金，并应按现行《钢筋机械连接通用技术规程》（JGJ 107）对接头进行检验。

4 与现行《碳素结构钢》（GB/T 700）中的 Q235 比照，耐蚀钢筋的腐蚀率应低于 70%。

8.3 钢筋阻锈剂

8.3.1 钢筋阻锈剂有内掺型和外涂型两种类型。对于新建钢筋混凝土工程，当环境作用等级为 D 级时，可采用内掺型钢筋阻锈剂，也可采用外涂型钢筋阻锈剂；当环境作用等级处于 E、F 级时，应采用内掺型钢筋阻锈剂，并宜同时采用外涂型钢筋阻锈剂。对于既有钢筋混凝土工程，当混凝土保护层因钢筋锈蚀失效时，宜选用掺有内掺型钢筋阻锈剂的混凝土或砂浆进行修复；其他情况采用外涂型钢筋阻锈剂。

8.3.2 内掺型、外涂型钢筋阻锈剂的技术指标应满足表 8.3.2-1、表 8.3.2-2 的要求，并应符合现行《钢筋阻锈剂应用技术规程》（JGJ/T 192）的规定。

表 8.3.2-1 内掺型钢筋阻锈剂的技术指标

环境类别	检验项目		技术指标	检验方法
Ⅰ、Ⅲ、Ⅳ	盐水浸烘环境中钢筋腐蚀面积百分率		减少 95% 以上	《钢筋阻锈剂应用技术规程》（JGJ/T 192）
Ⅰ、Ⅲ、Ⅳ	凝结时间变动范围	初凝时间	−60 ~ +120min	《混凝土外加剂》（GB 8076）
Ⅰ、Ⅲ、Ⅳ		终凝时间		
Ⅰ、Ⅲ、Ⅳ	抗压强度比		≥0.9	
Ⅰ、Ⅲ、Ⅳ	坍落度经时损失		满足施工要求	
Ⅰ、Ⅲ、Ⅳ	抗渗性		不降低	《普通混凝土长期性能和耐久性能试验方法标准》（GB/T 50082）
Ⅲ、Ⅳ	盐水溶液中的防锈性能		无腐蚀发生	《钢筋阻锈剂应用技术规程》（JGJ/T 192）
Ⅲ、Ⅳ	电化学综合防锈性能		无腐蚀发生	

注：1. 凝结时间差技术指标中的"−"表示提前，"+"表示延后。
2. 电化学综合防锈性能试验仅适用于阳极型钢筋阻锈剂。

表 8.3.2-2 外涂型钢筋阻锈剂的技术指标

环境类别	检验项目	技术指标	检验方法
Ⅰ、Ⅲ、Ⅳ	盐水溶液中的防锈性能	无腐蚀发生	《钢筋阻锈剂应用技术规程》（JGJ/T 192）
Ⅰ、Ⅲ、Ⅳ	渗透深度	≥50mm	
Ⅲ、Ⅳ	电化学综合防锈性能	无腐蚀发生	

8.3.3 采用阻锈剂溶液时，混凝土拌合物的搅拌时间应适当延长，确保搅拌均匀。

8.3.4 使用碱活性集料时，应检验钢筋阻锈剂的碱含量。掺加阻锈剂的混凝土总碱含量应符合设计和现行《混凝土结构设计规范》（GB 50010）的规定。

8.4 混凝土表面处理

8.4.1 采用表面涂层进行混凝土表面处理时，宜符合下列规定：

1 混凝土表面涂层适用于大气区、浪溅区及平均潮位以上的水位变动区的混凝土结构，并应符合表8.1.3的选用原则。

2 混凝土表面涂层用成膜型涂料的性能应符合表8.4.1-1的规定，并应符合现行《混凝土结构防护用成膜型涂料》（JG/T 335）的规定。

3 混凝土表面涂层的性能应满足表8.4.1-2的要求。

表8.4.1-1 成膜型涂料性能

序号	项目		技术指标
1	容器内状态	粉体	均匀，无结块
		液体	色泽呈均匀状态，内部无沉淀、无结块
2	细度（μm）		≤100
3	涂膜外观		涂膜平整，颜色均匀
4	干燥时间（h）	表干时间	≤4
		实干时间	≤24

表8.4.1-2 涂层性能要求

序号	项目	技术指标
1	耐候性	人工加速老化1 000h气泡、剥落、粉化等级为0
2	耐碱性	30d无气泡、剥落、粉化现象
3	耐酸性	30d无气泡、剥落、粉化现象
4	附着力（MPa）	≥1.5
5	碳化深度比（%）	≤20
6	抗冻性	200次冻融循环无脱落、破裂、起泡现象
7	抗氯离子渗透性 [mg/(cm^2·d)]	≤1.0×10^{-3}

注：1. 试验方法按现行《混凝土结构防护用成膜型涂料》（JG/T 335）的规定执行。
  2. 碳化深度、抗冻性和抗氯离子渗透性应按现行《普通混凝土长期性能和耐久性能试验方法标准》（GB/T 50082）规定的相关方法进行检验。

4 涂层系统应符合下列规定：

1）涂层系统应由底层、中间层、面层或底层和面层的配套涂料涂膜组成。底层涂料应具有低黏度和高渗透能力；中间层应具有与底层和面层涂料较好的相容性和附着力；面层应具有抗老化性。整个涂层系统应具有较好的防腐蚀能力。

2）涂层系统的选用及涂层厚度等要求可按现行《水运工程结构耐久性设计标准》（JTS 153—2015）的相关规定执行。

3）涂层体系防腐年限可分为两类：普通型，10年；长效型，20年。

4）跨越水域的混凝土结构，其涂装部位应在平均潮位以上。

条文说明

底层涂料需能渗透到混凝土内起封闭孔隙和提高后续涂层附着力的作用；中间层需具备抵抗外界有害介质侵入的能力；面层需对中间层和底层起保护作用。混凝土表面涂层的耐久性和防护效果，与混凝土涂装前的表面处理关系很大。良好的表面处理能使混凝土经久耐用，防护效果也显著。

混凝土结构的腐蚀破坏一般都在平均潮位以上的部位。在潮位以下，混凝土处于饱水状态，供氧条件差，钢筋锈蚀极为缓慢，故将涂装位置确定在平均潮位以上的部位。

8.4.2 对混凝土表面憎水处理时，宜符合下列规定：

1 混凝土表面憎水处理适用于盐腐蚀环境混凝土结构表面的防腐蚀保护，并应按表8.1.3的规定合理选用。对于混凝土结构的水平面宜选用液体渗透型涂料，而对于侧面或仰面宜采用膏体渗透型材料。

2 憎水处理前应按现行《海港混凝土结构防腐蚀技术规范》（JTJ 275）进行喷涂试验。

3 憎水处理的质量验收应以每500m²浸渍面积为一个质量验收单元。憎水处理工作完成后，应按现行《海港混凝土结构防腐蚀技术规范》（JTJ 275）的规定进行测试。当任一验收单元处理质量的各项测试结果中任意一项不满足下列要求时，该验收单元应重新憎水处理后测试。

   1）吸水率平均值应不大于$0.01\text{mm}/\text{min}^{1/2}$。不同时间制备的两批混凝土试件，憎水处理后暴露于碱液的吸水率平均值与未憎水处理的相比应小于10%；氯化物吸收量的降低效果平均值应不小于85%。

   2）C45以下（含C45）的混凝土，渗透深度应不小于3mm；C45以上的混凝土，渗透深度应不小于2mm；水灰比为0.6的混凝土，渗透深度应不小于10mm。

   3）混凝土表面憎水处理后的干燥速度系数与未憎水处理的相比，其比值应大于30%。憎水处理后的试件表面在盐水冻融试验中发生质量损失时的冻融循环次数应比未憎水处理的试件至少多20次。

条文说明

海港工程混凝土结构处于氯化物侵入的恶劣环境中，由于毛细管的吸收或扩散作用，使氯化物侵入混凝土中，这是混凝土结构中钢筋腐蚀的重要原因之一。硅烷、硅氧烷类憎水剂浸渍混凝土表面，即使这种憎水剂渗入混凝土毛细管中的深度只有数毫米，但由于它与水泥的水化产物发生化学反应，反应物使毛细孔壁憎水化，使水分和水分所携带的氯化物难以渗入到混凝土内部腐蚀钢筋。

8.4.3 对混凝土结构增设防腐面层时，应符合下列规定：

1 混凝土防腐面层是指采用树脂类玻璃钢等聚合物复合材料、聚合物水泥砂浆材料或耐腐蚀砖砌筑等置于混凝土结构的外侧，以阻止外界有害介质的侵蚀。

2 当环境作用等级为 E 级及以上时（特别是酸性环境），可选用玻璃钢、耐腐蚀板或砖砌筑等作为防腐面层；当环境作用等级为 D 级时，可采用聚合物水泥砂浆等材料作为防腐面层。

3 混凝土防腐面层的有效防护时间普通型不低于 10 年，长效型不低于 20 年。防腐面层的厚度、原材料配合比及施工方法，应根据混凝土结构构件的耐久性要求及环境类别和作用等级，经论证后确定。

4 聚合物水泥砂浆面层的施工，应符合现有水泥砂浆抹面的有关规定。

条文说明

混凝土防腐面层是一种较直观的防腐蚀防护构造，易于检查和修复。通常，在新建工程中实施的造价比既有工程的修复低 60%～80%，因此，新建工程的设计过程中应充分考虑这一技术。采用聚合物玻璃钢复合材料，施工质量控制简便但造价较高；采用聚合物水泥砂浆材料，施工质量控制要求较高但造价较低。

8.5 透水模板衬里

8.5.1 当环境作用等级为 D 级及以上，或施工环境恶劣（高风速、干燥环境等）时，混凝土结构可采用透水模板衬里。

8.5.2 放置透水模板衬里时，应保证衬里平整。振捣过程中，应确保衬里完整。在拆除模板时，保持衬里贴伏于混凝土表面，并适当延长养护时间。

条文说明

支模板时，聚集在模板和混凝土界面上的气泡和水分可通过网片衬里逸出或吸入毡片衬里的蓄水层，可控制表层混凝土的含水量，提高浇筑混凝土的致密性。此外，衬里吸附的水分对混凝土还具有一定的水养效果。采用带透水衬里的模板，可明显改善混凝土保护层的施工质量，提高表层混凝土的密实度。衬里产品较多，效果各异，使用前需注意进行试验对比。

8.6 电化学保护

8.6.1 对作用等级为 E 级及以上的氯化物环境，且其他措施难以长期有效地阻止钢筋锈蚀时，宜选择电化学保护措施。对氯盐侵蚀引起钢筋严重锈蚀的在役结构，宜及时实施电化学保护措施。

8.6.2 对配置环氧涂层钢筋的构件或含有碱活性集料的构件，不宜采用电化学保护。

8.6.3 电化学保护应进行专项设计，设计前应对环境情况、混凝土结构情况进行调查和检测，并按现行《水运工程结构耐久性设计标准》（JTS 153）制定设计书。

8.6.4 外加电流阴极保护系统可选用导电涂层阳极系统、活化钛阳极系统等；牺牲阳极阴极保护系统中阳极材料可选用棒状或块状锌阳极、锌网、锌箔、锌或铝合金喷涂层等。

8.6.5 实施电化学保护时，应对混凝土结构破损区域进行修补，所用混凝土的性能应符合下列规定：
1 混凝土强度等级不低于原混凝土设计强度等级；
2 黏结强度不小于原混凝土的抗拉强度标准值；
3 电阻率应为原混凝土电阻率的 50%～200%。

8.6.6 钢筋混凝土结构应根据构件类型、所处环境和阳极种类，划分为若干个独立的保护单元。各单元内的阳极系统应为本单元内钢筋提供均匀的保护电流。保护单元内钢筋之间、钢筋与金属预埋件之间的电阻均应小于 1.0Ω。

8.6.7 采用外加电流阴极保护的新建混凝土结构，在浇筑混凝土时，应保证钢筋的导电性和埋设的参比电极及其他探头、电缆和接头的完好。当直流电源输出电压大于 24V 时，应采取预警保护措施。

8.6.8 外加电流阴极保护系统和牺牲阳极阴极保护系统的设计、安装与调试应按现行《水运工程结构耐久性设计标准》（JTS 153）的规定进行。

条文说明

采用混合金属氧化物（MMO）涂层的钛带阳极的外加电流阴极保护技术适用于长寿命关键结构的保护，与此类似的还有离散阳极型外加电流保护技术。夹套式牺牲阳极技术适合于处于潮差区的承台和桥墩的保护；埋入式牺牲阳极保护技术适合于钢筋混凝土结构和路面的局部修复；牺牲阳极和涂层联合保护技术适用于钢管桩的保护。

附录 A 给定设计使用年限的保护层厚度计算方法

A.1 计算说明

A.1.1 当公路工程混凝土结构的耐久性设计有特殊要求时，可利用混凝土结构寿命预测模型计算选定构件的保护层厚度，用于判断设计的合理性和安全性。

A.1.2 本附录介绍了氯盐侵蚀条件下，四种常用的混凝土结构寿命预测模型，结构设计人员应根据结构的特点和需求，选用适宜的计算方法（表 A.1.2）。

表 A.1.2 混凝土结构寿命预测计算方法及特点

序号	方法简称	模型出处	特点	耐久性极限状态
方法1	CECS评定标准方法	《混凝土结构耐久性评定标准》（CECS 220：2007）	国内主流混凝土寿命预测模型，参数相对较少，通用性较好，易理解	①钢筋开始锈蚀；②保护层锈胀开裂；③混凝土表面出现可接受的最大外观损伤
方法2	多因素耦合方法	《结构混凝土耐久性及其提升技术》（吉林、缪昌文、孙伟编著）	针对粉煤灰混凝土的多维度、多因素耦合寿命预测模型	钢筋表面氯离子浓度达到临界值
方法3	西部课题方法	西部交通建设项目"混凝土桥梁耐久性设计方法和设计参数研究"	在方法1的基础上，对应力影响因子等系数进行了修正	①钢筋锈蚀；②保护层开裂；③保护层剥落
方法4	欧洲Duracrete方法	欧洲Duracrete研究报告	定量化分级环境、材料和施工等参数，未考虑混凝土强度等关键参数，系数体系复杂庞大	钢筋脱钝

条文说明

现有的混凝土结构寿命预测模型大多基于一定的理论基础，通过系数修正而形成，主要基于混凝土碳化和氯盐侵蚀两类常见的劣化状况。其中，以氯盐侵蚀的混凝土结构寿命预测模型为代表，国内外现有模型都在Fick第二扩散定律的基础上，考虑环境、材料、配合比、氯离子结合能力以及裂缝等因素的影响，通过改变系数的方式，修正基础模型所得。

A.2 方法1——CECS评定标准方法

A.2.1 根据混凝土结构特点和设计需要，选取适宜的耐久性极限状态。使用极限状态阶段的临界点计算公式，同时依据环境作用等级确定结构混凝土表面氯离子浓度，使用氯离子扩散系数、时间依赖系数、环境温湿度等参数的测量值或计算值，确定结构达到各极限状态所需的时间。

A.2.2 结构耐久性应根据需要按不同的耐久性极限状态评定，耐久性极限状态可分为下列三种：
1 钢筋开始锈蚀；
2 混凝土保护层锈胀开裂；
3 混凝土表面出现可接受的最大外观损伤。

A.2.3 不考虑氯离子扩散系数的时间依赖性时，钢筋开始锈蚀的时间 t_i 可按式（A.2.3-1）和式（A.2.3-2）估算：

$$t_i = \left(\frac{c}{K}\right)^2 \times 10^{-6} \quad (\text{A.2.3-1})$$

$$K = 2\sqrt{D}\,\text{erf}^{-1}\left(1 - \frac{M_{cr}}{M_s}\right) \quad (\text{A.2.3-2})$$

式中：t_i——钢筋开始锈蚀的时间（年，以a表示）；
c——混凝土保护层厚度（mm）；
K——氯盐侵蚀系数；
D——氯离子扩散系数（m²/a）；
erf——误差函数；
M_{cr}——钢筋锈蚀的临界氯离子浓度（kg/m³），可按表A.2.3-1取用；
M_s——混凝土表面氯离子浓度（kg/m³）。潮汐、浪溅区的 M_s 值应采用调查值或实测数据推算值。当缺乏有效的实测数据时，可参照表A.2.3-2取用；近海大气区混凝土表面氯离子浓度应优先通过实测，按《混凝土结构耐久性评定标准》（CECS 220：2007）相关规定进行确定。距海岸0.1km处 M_s 值可按表A.2.3-3取用，其他位置应乘以表A.2.3-4的修正系数。

表 A.2.3-1 钢筋锈蚀的临界氯离子浓度 M_{cr}

水胶比（W/B）	0.40	0.45	≥0.50
混凝土强度等级	C40	C30	≤C25
M_{cr}（kg/m³）	1.40	1.30	1.20

表 A.2.3-2 潮汐区、浪溅区混凝土表面氯离子浓度 M_s

混凝土强度等级	C40	C30	C25	C20
M_s （kg/m³）	8.1	10.8	12.9	15.0

表 A.2.3-3 距海岸 0.1km 处混凝土表面氯离子浓度 M_s

混凝土强度等级	C40	C30	C25	C20
M_s （kg/m³）	3.2	4.0	4.6	5.2

表 A.2.3-4 表面氯离子浓度修正系数

距海岸的距离（km）	海岸线附近	0.1	0.25	0.5	1.0
修正系数	1.96	1	0.66	0.44	0.33

A.2.4 考虑氯离子扩散系数时间依赖性时，钢筋开始锈蚀时间 t_i 可按下式计算：

$$t_i = \left\{ \frac{c^2 \times 10^{-6}}{4D_0 \left[\mathrm{erf}^{-1} \left(1 - \frac{M_{cr}}{M_s} \right) \right]} \right\}^{\frac{1}{1-\alpha}} \quad (\text{A.2.4})$$

式中：D_0——氯离子扩散系数（m²/a）；

α——氯离子扩散系数时间依赖系数，宜用实测推算值。

A.2.5 氯离子扩散系数 D 可按下列规定取用：

1 应优先根据混凝土中氯离子分布检测结果由下式推算：

$$D_0 = \frac{x^2 \times 10^{-6}}{4t_0 \left[\mathrm{erf}^{-1} (1 - M(x,t_0)/M_s) \right]^2} \quad (\text{A.2.5-1})$$

式中： x——氯离子扩散深度（mm）；

t_0——结构建成至检测时的时间（a）；

$M(x, t_0)$——检测时 x 深度处的氯离子浓度（kg/m³）。

2 需要考虑氯离子扩散系数时间依赖性时，可按下式估算：

$$D = D_0 (t_0/t)^\alpha \quad (\text{A.2.5-2})$$

式中 α 值宜用每隔 2~3 年实测数据推算的 D 值确定；不能实测时，可按下式确定：

$$\alpha = 0.2 + 0.4(\%\mathrm{FA}/50 + \%\mathrm{SG}/70) \quad (\text{A.2.5-3})$$

式中：%FA——粉煤灰占胶凝材料百分比；

%SG——磨细矿渣占胶凝材料百分比。

3 无实测数据时，普通硅酸盐混凝土龄期 5 年的氯离子扩散系数可按下式估算：

$$D_{5a} = (7.08W/B - 1.846)(0.0447T - 0.052) \quad (\text{A.2.5-4})$$

式中：D_{5a}——龄期 5 年的氯离子扩散系数（m²/a）；

W/B——混凝土水胶比；

T——环境年平均温度（℃）。

A.2.6 近海大气环境钢筋开始锈蚀时间 t_i 可按下列规定估算：

1 $t_i \leq t_1$ 时，t_i 由下式迭代估算。

$$M_{cr} = k\sqrt{t_i}\left\{\exp\left(-\frac{c^2 \times 10^{-6}}{4Dt_i}\right) - \left[\frac{c\sqrt{\pi} \times 10^{-3}}{2\sqrt{Dt_i}}\left(1 - \text{erf}\left(\frac{c \times 10^{-3}}{2\sqrt{Dt_i}}\right)\right)\right]\right\} \quad (A.2.6\text{-}1)$$

式中：k——混凝土表面氯离子聚集系数，可按式（A.2.6-2）计算；

$$k = \frac{M_{s2}}{\sqrt{t_0}} \quad (A.2.6\text{-}2)$$

M_{s2}——实测混凝土表面氯离子浓度。

2 $t_i > t_1$ 时，钢筋开始锈蚀时间为 $t_i = t_1 + t_2$，t_2 通过求解式（A.2.6-3）确定。

$$M_{cr} = M_1 + (M_s - M_1)\left[1 - \text{erf}\left(\frac{c \times 10^{-3}}{2\sqrt{Dt_2}}\right)\right] \quad (A.2.6\text{-}3)$$

$$M_1 = k\sqrt{t_1}\left\{\exp\left(-\frac{c^2 \times 10^{-6}}{4Dt_i}\right) - \left[\frac{c\sqrt{\pi} \times 10^{-3}}{2\sqrt{Dt_1}}\left(1 - \text{erf}\left(\frac{c \times 10^{-3}}{2\sqrt{Dt_1}}\right)\right)\right]\right\}$$

$$(A.2.6\text{-}4)$$

A.2.7 保护层锈胀开裂的时间 t_{cr} 可按下式计算：

$$t_{cr} = t_i + t_c \quad (A.2.7\text{-}1)$$

$$t_c = \frac{\delta_{cr}}{\lambda_{cl}} \quad (A.2.7\text{-}2)$$

式中：t_c——钢筋开始锈蚀至保护层锈胀开裂的时间（a）；

δ_{cr}——保护层开裂时刻的临界钢筋锈蚀深度（mm），可按式（A.2.7-3）及式（A.2.7-4）计算；

对于杆件（角部钢筋）：

$$\delta_{cr} = 0.012c/d + 0.00084f_{cu,k} + 0.018 \quad (A.2.7\text{-}3)$$

对于墙、板（非角部钢筋）：

$$\delta_{cr} = 0.015(c/d)^{1.55} + 0.0014f_{cu,k} + 0.016 \quad (A.2.7\text{-}4)$$

d——钢筋直径；

$f_{cu,k}$——混凝土立方体抗压强度标准值，即混凝土强度等级；

λ_{cl}——氯腐蚀环境保护层开裂前钢筋的平均锈蚀速度（mm/a）。

A.2.8 保护层开裂前钢筋年平均锈蚀速度 λ_{cl} 可按下式计算：

$$\lambda_{cl} = 11.6 \times i \times 10^{-3} \quad (A.2.8)$$

式中：i——钢筋腐蚀电流密度（μA/cm²）。

A.2.9 普通硅酸盐混凝土钢筋腐蚀电流密度可按下式估算：

掺入型氯盐侵蚀环境（$M_{sl} > M_{cr}$）：

$$\ln i = 8.617 + 0.618\ln\left[M_{sl}\left(\frac{11.1}{M_{sl}^{0.9}t^{0.93}} + 0.368\right)\right] - \frac{3034}{T+273} - 5\times10^{-3}\rho + \ln m_d$$
(A.2.9-1)

渗入型氯盐侵蚀环境：

$$\ln i = 8.617 + 0.618\ln M_{sl} - \frac{3034}{T+273} - 5\times10^{-3}\rho + \ln m_{cl} \quad \text{(A.2.9-2)}$$

$$M_{sl} = M_{s0} + (M_s - M_{s0})\left(1 - \text{erf}\left(\frac{c\times10^{-3}}{2\sqrt{Dt_{cr}}}\right)\right) \quad \text{(A.2.9-3)}$$

式中：M_{sl}——钢筋表面氯离子浓度（kg/m³）；

m_{cl}——局部环境影响系数，可按表 A.2.9 取值；

表 A.2.9 氯盐侵蚀环境等级及参数

环境类别	环境等级	环境状况	混凝土表面氯离子达到稳定值的累积时间 t_1（a）	局部环境系数 m_{cl} 室外	室内
近海大气环境	III$_a$	离海岸 1.0km 以内	20~30	4.0~4.5	2.0~2.5
	III$_b$	离海岸 0.5km 以内	15~20		
	III$_c$	离海岸 0.25km 以内	10~15		
	III$_d$	离海岸 0.1km 以内	10		
浪溅区	III$_e$	水位变化区和浪溅区	瞬时	4.5~5.5	
除冰盐环境	III$_f$	除冰盐环境	检测结果确定	4.5~5.5	

ρ——混凝土电阻率（kΩ·cm），可按实测值取用，也可按式（A.2.9-4）计算；

$$\rho = k_\rho(1.8 - M_{cl}^\mu) + 10(RH-1)^2 + 4 \quad \text{(A.2.9-4)}$$

k_ρ——当水胶比 $W/B = 0.3~0.4$，或普通硅酸盐混凝土强度等级为 C40~C50 时，$k_\rho = 11.1$；当水胶比 $W/B = 0.5~0.6$，或普通硅酸盐混凝土强度等级为 C20~C30 时，$k_\rho = 5.6$；当水胶比 $W/B = 0.4~0.5$，或普通硅酸盐混凝土强度等级为 C30~C40 时内插；

M_{cl}^μ——混凝土保护层中氯离子浓度平均值（kg/m³），可近似取混凝土表面和钢筋表面氯离子浓度的平均值，即 $M_{cl}^\mu = (M_s + M_{sl})/2$；当 $M_{cl}^\mu > 3.6$ 时，取 3.6；

RH——环境相对湿度；

M_{s0}——腐蚀环境混凝土制备时已经含有的氯离子含量（kg/m³）。

A.2.10 保护层开裂后年平均钢筋锈蚀速率 λ_{cl1} 可按下式估算：

$$\lambda_{cl1} = (4.5 - 26\lambda_{cl})\cdot\lambda_{cl} \quad \text{(A.2.10)}$$

当 $\lambda_{cl1} < 1.8\lambda_{cl}$ 时，取 $\lambda_{cl1} = 1.8\lambda_{cl}$。

A.3 方法2——多因素耦合方法

A.3.1 基于大量试验数据，通过简化复杂的理论模型，开发出结合混凝土材料参数（粉煤灰掺量、水胶比、氯离子结合能力、扩散系数时间依赖性）、结构构造参数（扩散维数、保护层厚度）和环境参数（干湿循环、温度、冻融等）、荷载、施工参数（养护龄期）于一体，适用于粉煤灰高性能混凝土的多维多因素耦合寿命预测模型。

A.3.2 该方法以钢筋表面氯离子浓度达到临界氯离子浓度为耐久性极限状态。

A.3.3 基于氯离子扩散的多维多因素寿命预测模型如下：

$$c_{cr} \geq c_0 + (c_s - c_0)\left[1 - \mathrm{erf}\left(\frac{x_c}{2\sqrt{\frac{K_{\sigma_s}K_D K_C K_E K_T D_0 t_0^m}{(1+R)(1-m)} \cdot t^{1-m}}}\right)\right] \quad (A.3.3\text{-}1)$$

式中：c_{cr}——钢筋脱钝的临界氯离子浓度，计算时取浓度占混凝土质量的百分数；

K_{σ_s}——应力碳化加速因子，可按式（A.3.3-2）计算；

$$K_{\sigma_s} = 1 + 0.51(\sigma_s)^{0.6} \quad (A.3.3\text{-}2)$$

K_D——氯离子扩散维数影响因子，$K_{1D}=1$，$K_{2D}=2.01$，$K_{3D}=2.27$；

K_C——养护龄期影响因子，$K_1=2.6$，$K_3=1.9$，$K_7=1.3$，$K_{28}=1.0$；

K_E——环境影响因子，对于浸泡，$K_E=1$；对于干湿循环，$K_E=2.6$；

K_T——温度影响因子，可按式（A.3.3-3）计算；

$$K_T = \frac{T}{T_0}\mathrm{e}^{q\left(\frac{1}{T_0}-\frac{1}{T}\right)} \quad (A.3.3\text{-}3)$$

T_0——常数，取293K；

T——结构混凝土暴露环境的温度（K）；

q——活化常数，可按式（A.3.3-4）计算；

$$q = 10\,475 - 10\,750 W/B \quad (A.3.3\text{-}4)$$

D_0——时间t_0为1个月时的混凝土氯离子扩散系数（cm²/a），可按式（A.3.3-5）计算；

$$D_0 = (1.58 - 0.05\mathrm{FA} + 9.5\times10^{-4}\mathrm{FA}^2 + 9.5\times10^{-6}\mathrm{FA}^3)(0.13 + W/B) \quad (A.3.3\text{-}5)$$

FA——粉煤灰掺量（%）；

m——时间依赖性常数，$m=0.62$；

R——氯离子结合能力，可按式（A.3.3-6）计算；

$$R = (1.3 + 0.06\mathrm{FA} - 28.5\times10^{-4}\mathrm{FA}^2 + 28.5\times10^{-6}\mathrm{FA}^3)(0.49 - 0.92W/B) \quad (A.3.3\text{-}6)$$

c_s——混凝土表面氯离子浓度（%），可按式（A.3.3-7）计算；

$$c_s = -1.54 + 6.2W/B \tag{A.3.3-7}$$

c_0——混凝土内部的初始自由氯离子浓度，对于使用常规原材料 $c_0 = 0$；

x_c——实际混凝土保护层厚度（mm），可按式（A.3.3-8）计算；

$$x_c = x_c^d + \Delta x \tag{A.3.3-8}$$

Δx——施工误差，对于关键部位（如墩身干湿交替区、主梁、索塔），$\Delta x = 20\text{mm}$；对于一般部位（承台），$\Delta x = 14\text{mm}$；对于不重要部位，$\Delta x = 8\text{mm}$。

A.4 方法3——西部课题方法

A.4.1 该方法考虑了水胶比、氯离子结合能力、保护层厚度、混凝土表面氯离子浓度等材料、结构和环境参数，并在方法1的基础上增加了对应力的考虑，以计算结构达到各极限状态所需的时间。

条文说明

该方法源自交通部西部交通建设科技项目"桥梁耐久性关键技术研究"的子课题"混凝土桥梁耐久性设计方法和设计参数研究"。在《混凝土结构耐久性评定标准》（CECS 220:2007）计算模型的基础上，不仅增加了应力影响系数，在钢筋锈蚀时间 t_1、保护层锈胀时间 t_2 计算公式之外，还补充了保护层完全剥落时刻 t_3 的计算公式。

A.4.2 受氯离子侵蚀的混凝土结构劣化过程，耐久性极限状态可分为下列三种：
1 钢筋表面氯离子浓度达到临界浓度；
2 混凝土保护层锈胀开裂；
3 混凝土保护层完全剥落。

A.4.3 钢筋锈蚀开始时刻 t_1 可按下式计算：

$$t_1 = \left\{ \frac{c^2(1-\alpha) \times 10^{-6}}{4f(\sigma)D_0 t_0^\alpha [\text{erf}^{-1}(1 - M_{cr}/M_s)]^2} \right\}^{\frac{1}{1-\alpha}} \tag{A.4.3-1}$$

式中：D_0——t_0 时刻的氯离子有效扩散系数（m²/a），当不能取得实测数据时，龄期 28d 的普通硅酸盐混凝土扩散系数可按式（A.4.3-2）估算；

$$D_0 = 10^{(-12.06 + 2.4W/B)} \tag{A.4.3-2}$$

W/B——水胶比；

t_0——结构建成至检测时确定 D_0 的时间（a），时间分为两部分，28d 至 5 年，5 年至以后；

α——氯离子扩散系数时间依赖系数，按构件使用期间每隔 2~3 年实测数，不能实测时，α 可按式（A.4.3-3）计算；

$$\alpha = 0.2 + 0.4[(\%FA)/50 + (\%SG)/70] \quad (A.4.3-3)$$

%FA——粉煤灰占胶凝材料百分比；

%SG——磨细矿渣占胶凝材料百分比；

c——构件混凝土保护层厚度（mm）；

M_{cr}——引起钢筋锈蚀的临界氯离子浓度（kg/m³），可按表 A.2.3-1 取用；

M_s——混凝土表面氯离子浓度（kg/m³），缺乏实测数据时，可按表 A.2.3-2～表 A.2.3-4取值；

$f(\sigma)$——应力影响系数。

受拉状态：

$$f(\sigma) = 1.0 + 0.36587\sigma - 0.11113\sigma^2 \quad (A.4.3-4)$$

受压状态：

$$f(\sigma) = 1.0 - 0.054197\sigma + 0.002968\sigma^2 \quad (A.4.3-5)$$

A.4.4 混凝土保护层开裂时刻 t_2 可按下式计算：

$$t_2 = t_1 + \frac{\delta_{cr}}{\lambda_{cl}} \quad (A.4.4-1)$$

式中：t_1——钢筋开始锈蚀的时刻（a）；

δ_{cr}——保护层开裂时刻的临界钢筋锈蚀深度，可按式（A.4.4-2）计算；

$$\delta_{cr} = 0.015(c/d)^{1.15} + 0.0014 f_{cu,k} + 0.016 \quad (A.4.4-2)$$

d——钢筋直径（mm）；

$f_{cu,k}$——混凝土立方体抗压强度标准值（MPa）；

λ_{cl}——氯腐蚀环境保护层开裂前钢筋的平均锈蚀速度（mm/a），可按式（A.4.4-3）计算；

$$\lambda_{cl} = 11.6 \times i \times 10^{-3} \quad (A.4.4-3)$$

i——钢筋的锈蚀电流密度（μA/cm²），可按式（A.4.4-4）估算；

$$\ln i = 8.617 + 0.618\ln M_{sl} - \frac{3034}{T+273} - 5 \times 10^{-3}\rho + \ln m_{cl} \quad (A.4.4-4)$$

T——钢筋处温度，可用大气环境温度（℃）；

m_{cl}——局部环境影响系数，可按表 A.2.9 氯离子侵蚀环境等级取值；

M_{sl}——钢筋表面氯离子浓度（kg/m³），可按式（A.4.4-5）计算；

$$M_{sl} = M_{s0} + (M_s - M_{s0})\left[1 - \mathrm{erf}\left(\frac{c \times 10^{-3}}{2\sqrt{Dt_2}}\right)\right] \quad (A.4.4-5)$$

M_{s0}——腐蚀环境混凝土制备时已经含有的氯离子含量（kg/m³）；

M_s——混凝土表面氯离子浓度（kg/m³）；

D——氯离子有效扩散系数（m²/a），可按式（A.4.4-6）计算；

$$D = D_0 \left(\frac{t_0}{t_2}\right)^\alpha \alpha \quad (A.4.4\text{-}6)$$

ρ——混凝土电阻率（K·cm），可按实测值取用，也可按式（A.4.4-7）计算；

$$\rho = k_\rho(1.8 - M_{cl}^\mu) + 10(RH - 1)^2 + 4 \quad (A.4.4\text{-}7)$$

k_ρ——当水胶比 $W/B = 0.3 \sim 0.4$，或普通硅酸盐混凝土强度等级为 C40～C50 时，$k_\rho = 11.1$；当水胶比 $W/B = 0.5 \sim 0.6$，或普通硅酸盐混凝土强度等级为 C20～C30 时，$k_\rho = 5.6$；当水胶比 $W/B = 0.4 \sim 0.5$，或普通硅酸盐混凝土强度等级为 C30～C40 时内插；

M_{cl}^μ——混凝土保护层中氯离子浓度平均值（kg/m³），可近似取混凝土表面和钢筋表面氯离子浓度的平均值，即 $M_{cl}^\mu = (M_s + M_{sl})/2$；当 $M_{cl}^\mu > 3.6$ 时，取 3.6。

A.4.5 保护层完全剥落时刻 t_3 可按下式计算：

$$t_3 = t_2 + \frac{\delta_d - \delta_{cr}}{\lambda_{cl1}} \quad (A.4.5\text{-}1)$$

式中：t_2——保护层开裂时刻（a）；

δ_d——保护层完全剥落时刻的钢筋锈蚀深度，可按式（A.4.5-2）或式（A.4.5-3）计算；

对于配有圆形钢筋的杆件：

$$\delta_d = 0.255 + \frac{0.012c}{d} + 0.00084 f_{cu,k} \quad (A.4.5\text{-}2)$$

对于配有带肋钢筋的杆件：

$$\delta_d = 0.273 + \frac{0.008c}{d} + 0.00055 f_{cu,k} \quad (A.4.5\text{-}3)$$

当上述计算的锈蚀深度 $\delta_d > 0.026d$ 时，取 $\delta_d = 0.026d$；

δ_{cr}——保护层开裂时刻的临界钢筋锈蚀深度，可按式（A.4.4-2）计算；

λ_{cl1}——保护层开裂后的钢筋锈蚀速度，可按式（A.4.5-4）计算；

$$\lambda_{cl1} = (4.5 - 26\lambda_{cl})\lambda_{cl} \quad (A.4.5\text{-}4)$$

λ_{cl}——保护层开裂前的钢筋锈蚀速度，可按式（A.4.4-3）计算；当 $\lambda_{cl1} < 1.8\lambda_{cl}$ 时，取 $\lambda_{cl1} = 1.8\lambda_{cl}$。

A.5 方法4——欧洲 Duracrete 方法

A.5.1 将临界氯离子浓度等环境、材料和施工工艺参数加以定量分级，并根据极限状态及概率方法确定分项系数。计算时根据具体情况选择相符的影响因子，计算结构达到极限状态的时间。

条文说明

欧洲 Duracrete 研究计划的成果模型将环境、材料和施工工艺等多项计算参数进行定量分级,参数体系复杂庞大。与其他简化模型相比,掌握该方法需要较多的时间和理论背景。

A.5.2 以钢筋脱钝作为混凝土结构的耐久性极限状态。

A.5.3 氯化侵蚀的钢筋脱钝时间 t_i^d 可按下式计算:

$$t_i^d = \left\{ \left[\frac{2}{x^c - \Delta x} \cdot \mathrm{erf}^{-1}\left(1 - \frac{c_{cr}^c}{\gamma_{c_{cr}}} \cdot \frac{1}{A_{C_{s,cl}}^c \cdot \frac{W}{B} \cdot \gamma_{C_{s,cl}}}\right) \right]^{-2} \cdot \frac{R_{0,cl}^c}{k_{e,cl}^c \cdot k_{c,cl}^c \cdot t_0^{n_{cl}^c} \cdot \gamma_{R_{cl}}} \right\}^{\frac{1}{1-n_{cl}^c}}$$

(A.5.3-1)

式中:erf——误差函数;

c_{cr}^c——临界氯离子浓度的特定值,以占胶凝材料的质量比表示,可按表 A.5.3-1 取值;

$\gamma_{c_{cr}}$——临界氯离子浓度的分项系数,可按表 A.5.3-2 取值;

$A_{C_{s,cl}}^c$——描述表面氯离子浓度和水胶比之间关系的回归参数特定值,以与胶凝材料的质量比表示,可按表 A.5.3-3 取值;

混凝土表面氯离子浓度可按下式计算:

$$C_{s,cl}^d = A_{C_{s,cl}}^c (W/B) \gamma_{C_{s,cl}}$$

(A.5.3-2)

W/B——水胶比;

$\gamma_{C_{s,cl}}$——表面氯离子浓度的分项系数,可按表 A.5.3-2 取值;

x^c——混凝土保护层厚度特征值;

Δx——保护层厚度预留差额,可按表 A.5.3-2 取值;

$R_{0,cl}^c$——抗力特征值,$R_{0,cl}^c = 0.01585 \frac{\mathrm{year}}{\mathrm{mm}^2}$;

$k_{c,cl}^c$——养护因子特征值,可按表 A.5.3-4 取值;

$k_{e,cl}^c$——环境因子特征值,可按表 A.5.3-5 取值;

t_0——做验证强度试验时的混凝土龄期,$t_0 = 0.0767$ 年(对应于 28d);

n_{cl}^c——龄期因子特征值,可按表 A.5.3-6 取值;

$\gamma_{R_{cl}}$——抗力分项系数,可按表 A.5.3-2 取值。

表 A.5.3-1 临界氯离子浓度值 c_{cr}^c

条 件	特 征 值	单 位
OPC,$W/B=0.5$,水下区	1.6	[%] 占胶凝材料的质量比
OPC,$W/B=0.4$,水下区	2.1	[%] 占胶凝材料的质量比
OPC,$W/B=0.3$,水下区	2.3	[%] 占胶凝材料的质量比

续表 A.5.3-1

条 件	特 征 值	单 位
OPC，$W/B=0.5$，浪溅区和潮汐区	0.50	[%]占胶凝材料的质量比
OPC，$W/B=0.4$，浪溅区和潮汐区	0.80	[%]占胶凝材料的质量比
OPC，$W/B=0.3$，浪溅区和潮汐区	0.90	[%]占胶凝材料的质量比

表 A.5.3-2 海洋环境下结构分项系数取值

修复比维修风险系数	高	中	低
Δx [mm]	20	14	8
$\gamma_{c_{cr}}$	1.20	1.06	1.03
$\gamma_{c_{s,cl}}$	1.70	1.40	1.20
$\gamma_{R_{cl}}$	3.25	2.35	1.50

表 A.5.3-3 回归参数 $A_{C_{s,cl}}^c$ 取值表

条 件	特 征 值	单 位
OPC，水下区	10.3	[%]占胶凝材料的质量比
OPC，潮汐区和浪溅区	7.76	[%]占胶凝材料的质量比
OPC，大气区	2.57	[%]占胶凝材料的质量比
PFA，水下区	10.8	[%]占胶凝材料的质量比
PFA，潮汐区和浪溅区	7.46	[%]占胶凝材料的质量比
PFA，大气区	4.42	[%]占胶凝材料的质量比
GGBS，水下区	5.06	[%]占胶凝材料的质量比
GGBS，潮汐区和浪溅区	6.77	[%]占胶凝材料的质量比
GGBS，大气区	3.05	[%]占胶凝材料的质量比
SF，水下区	12.5	[%]占胶凝材料的质量比
SF，潮汐区和浪溅区	8.96	[%]占胶凝材料的质量比
SF，大气区	3.23	[%]占胶凝材料的质量比

表 A.5.3-4 养护因子 $k_{c,cl}^c$ 取值表

条 件	特 征 值	单 位
养护 1d	2.08	—
养护 3d	1.50	—
养护 7d	1	—
养护 28d	0.79	—

表 A.5.3-5 环境因子 $k_{e,cl}^c$ 取值表

条 件	特 征 值	单 位
OPC，水下区	1.32	—
OPC，潮汐区	0.92	—

续表 A.5.3-5

条　件	特　征　值	单　位
OPC，浪溅区	0.27	—
OPC，大气区	0.68	—
GGBS，水下区	3.88	—
GGBS，潮汐区	2.70	—
GGBS，浪溅区	0.78	—
GGBS，大气区	1.98	—

表 A.5.3-6　氯化侵蚀龄期因子 n_{cl}^c 取值表

条　件	特　征　值	单　位
OPC，水下区	0.30	—
OPC，潮汐区和浪溅区	0.37	—
OPC，大气区	0.65	—
PFA，水下区	0.69	—
PFA，潮汐区和浪溅区	0.93	—
PFA，大气区	0.66	—
GGBS，水下区	0.71	—
GGBS，潮汐区和浪溅区	0.60	—
GGBS，大气区	0.85	—
SF，水下区	0.62	—
SF，潮汐区和浪溅区	0.39	—
SF，大气区	0.79	—

A.6　计算示例

A.6.1　实际计算时，应根据工程结构特点和需要，选取适宜的计算方法。

条文说明

（1）本附录列举了四个国内外较为常用的氯离子侵蚀条件下的混凝土结构寿命预测模型，这些计算方法都以 Fick 第二定律为原理，即：在非稳态扩散过程中，在距离 x 处，浓度随时间的变化率等于该处的扩散通量随距离变化率的负值 $\frac{\partial C}{\partial t} = -D\frac{\partial^2 C}{\partial x^2}$。鉴于各模型修正时对不同影响参数的侧重点不同，因此计算表达式的结构基本相同。下文比较了四种方法计算钢筋开始锈蚀时间的公式的异同（图 A-1）。

方法 1——CECS 评定标准方法提出的计算方法是国内较为主流的寿命预测模型，给出了明确的极限状态划分标准和阶段时间计算公式，参数设计考虑了保护层厚度、氯离子扩散系数及其时间依赖系数、临界氯离子浓度等主要影响因素，公式架构易理解和掌握，通用性较好。

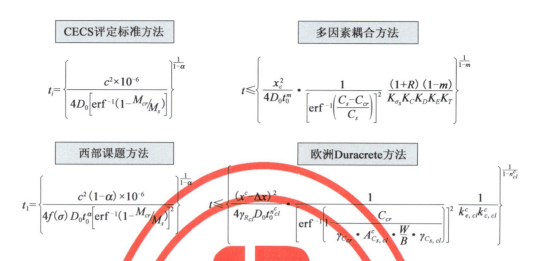

图 A-1 四种计算方法的钢筋开始锈蚀时间的计算公式

方法2——多因素耦合方法提出的适用于粉煤灰混凝土的多因素寿命预测模型，以计算比较特定时刻钢筋表面氯离子浓度与临界值的大小为目标，公式变形后其基本架构与方法1相似。该方法在考虑方法1的设计参数的基础上，增加了氯离子结合能力R、时间依赖系数m及其他应力、维度、环境因子作为修正项，是考虑了环境与应力耦合影响的多维寿命预测模型。

方法3——西部课题方法是在方法1的基础上，对部分设计参数进行修正后所得，因此两者架构相同。该方法提升了氯离子扩散系数的时间依赖性常数α的权重，并增加了应力影响因子表达式$f(\sigma)$。

方法4——欧洲Duracrete方法与计算方法1相比，也增加了对环境、应力、构件与施工影响的考虑，以保护层厚度的误差项、抗力分项系数、环境因子和养护因子等指标进行修正。多项指标按照结构情况进行定量化的级别划分。

（2）本附录示例采用方法1——CECS评定标准方法（以下简称《标准》方法）推荐的计算模型，假定目标构件的耐久性主要受氯离子侵蚀的影响，选取钢筋表面氯离子浓度达到临界值，即钢筋开始锈蚀作为耐久性极限状态。计算当结构达到设计使用年限时，氯离子的侵蚀深度。将计算所得氯离子侵蚀深度与《规范》规定的最小保护层厚度值进行比对。若侵蚀深度小于规定值，说明《规范》关于最小保护层厚度的规定及其他耐久性设计要求是合理且安全的。

示例以混凝土箱梁、墩身、承台或基础为目标构件，构件分别处于东北、江浙、南部沿海、巴蜀、渤海湾三个代表性区域的近海或海洋氯化物环境下的C、D、E、F环境作用等级。

①混凝土箱梁

混凝土箱梁构件混凝土强度等级、配合比及区域环境年平均温度等基本参数见表A-1。

表 A-1　计算示例的混凝土箱梁及环境条件的基本参数

基本参数		参数取值				
环境参数	代表性区域	东北	江浙	南部沿海	巴蜀	渤海湾
	年平均温度 T（℃）	5	18	26	15	12
	环境类别	近海或海洋氯化物环境				
	环境作用等级	Ⅲ-C	Ⅲ-D		Ⅲ-E	
构件性能参数	混凝土强度等级	C45	C45	≥C50	C50	≥C55
	水胶比 W/B	0.33	0.33	0.31	0.31	0.29
	粉煤灰掺量 %FA	30%				
	设计使用年限（年）	100				

根据 CECS 评定标准方法的式（A.2.4）和式（A.2.5-1）~式（A.2.5-4），计算所用参数数据及计算结果见表 A-2~表 A-4。

表 A-2　部分环境条件参数表

环境作用等级	混凝土强度等级	M_{cr}（kg/m³）	M_s（kg/m³）	α
Ⅲ-C	C45	1.45	1.980	0.44
Ⅲ-D	C45	1.45	2.800	0.44
	≥C50	1.50	2.400	0.44
Ⅲ-E	C50	1.50	4.704	0.44
	≥C55	1.55	3.920	0.44

表 A-3　氯离子扩散系数表

环境作用等级	混凝土强度等级	氯离子扩散系数（m²/a）				
		东北	江浙	南部沿海	巴蜀	渤海湾
Ⅲ-C	C45	8.41×10^{-6}	3.69×10^{-5}	5.44×10^{-5}	3.03×10^{-5}	2.38×10^{-5}
Ⅲ-D	C45	8.41×10^{-6}	3.69×10^{-5}	5.44×10^{-5}	3.03×10^{-5}	2.38×10^{-5}
	≥C50	5.98×10^{-6}	2.62×10^{-5}	3.87×10^{-5}	2.16×10^{-5}	1.69×10^{-5}
Ⅲ-E	C50	5.98×10^{-6}	2.62×10^{-5}	3.87×10^{-5}	2.16×10^{-5}	1.69×10^{-5}
	≥C55	3.55×10^{-6}	1.56×10^{-5}	2.30×10^{-5}	1.28×10^{-5}	1.00×10^{-5}

表 A-4　计算氯离子侵蚀深度与《规范》最小保护层厚度的对比

环境作用等级	混凝土强度等级	《规范》规定的最小保护层厚度（mm）	计算氯离子侵蚀深度（mm）				
			东北	江浙	南部沿海	巴蜀	渤海湾
Ⅲ-C	C45	35	10.36	21.71	26.4	19.7	17.4
Ⅲ-D	C45	40	14.25	29.9	36.2	27	23.9
	≥C50	35	10.46	21.9	26.6	19.8	17.5
Ⅲ-E	C50	40	14.93	31.3	37.9	28.3	25
	≥C55	35	10.63	22.3	27	20.2	17.8

根据上表所示计算结果，绘制箱梁混凝土在服役100年后，结构内氯离子侵蚀深度与《规范》规定的最小保护层厚度对比，见图A-2。

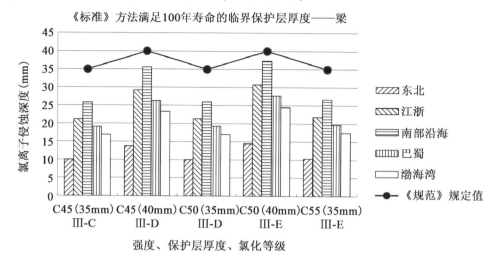

图A-2　CECS评定标准方法算得的氯离子侵蚀深度与《规范》最小保护层厚度对比（混凝土箱梁）

②混凝土墩身

混凝土墩身构件混凝土强度等级、配合比及区域环境年平均温度等基本参数见表A-5。

表A-5　计算示例的混凝土墩身及环境条件的基本参数

基本参数		参数取值				
环境参数	代表性区域	东北	江浙	南部沿海	巴蜀	渤海湾
	年平均温度 T（℃）	5	18	26	15	12
	环境类别	近海或海洋氯化物环境				
	环境作用等级	Ⅲ-C	Ⅲ-D		Ⅲ-E	Ⅲ-F
构件性能参数	混凝土强度等级	C35	C35	≥C40	C40	≥C45	≥C45
	水胶比 W/B	0.4	0.4	0.35	0.35	0.33	0.33
	粉煤灰掺量%FA	30%				
	设计使用年限（年）	100				

根据CECS评定标准方法的式（A.2.4）和式（A.2.5-1）～式（A.2.5-4），计算所用参数数据及计算结果见表A-6～表A-8。

表A-6　部分环境条件参数表

环境作用等级	混凝土强度等级	M_{cr}（kg/m³）	M_s（kg/m³）	α
Ⅲ-C	C35	1.35	2.3760	0.44
Ⅲ-D	C35	1.35	3.6000	0.44
	≥C40	1.40	3.2000	0.44
Ⅲ-E	C40	1.40	6.2720	0.44
	≥C45	1.45	5.4480	0.44
Ⅲ-F	≥C45	1.45	7.0868	0.44

表 A-7 氯离子扩散系数表

环境作用等级	混凝土强度等级	氯离子扩散系数（m²/a）				
		东北	江浙	南部沿海	巴蜀	渤海湾
Ⅲ-C	C35	1.69×10^{-5}	7.42×10^{-5}	1.09×10^{-4}	6.10×10^{-5}	4.78×10^{-5}
Ⅲ-D	C35	1.69×10^{-5}	7.42×10^{-5}	1.09×10^{-4}	6.10×10^{-5}	4.78×10^{-5}
	≥C40	1.08×10^{-5}	4.76×10^{-5}	7.02×10^{-5}	3.91×10^{-5}	3.06×10^{-5}
Ⅲ-E	C40	1.08×10^{-5}	4.76×10^{-5}	7.02×10^{-5}	3.91×10^{-5}	3.06×10^{-5}
	≥C45	8.41×10^{-6}	3.69×10^{-5}	5.44×10^{-5}	3.03×10^{-5}	2.38×10^{-5}
Ⅲ-F	≥C45	8.41×10^{-6}	3.69×10^{-5}	5.44×10^{-5}	3.03×10^{-5}	2.38×10^{-5}

表 A-8 计算氯离子侵蚀深度与《规范》最小保护层厚度的对比

环境作用等级	混凝土强度等级	《规范》规定的最小保护层厚度（mm）	计算氯离子侵蚀深度（mm）				
			东北	江浙	南部沿海	巴蜀	渤海湾
Ⅲ-C	C35	45	19	39.7	48.2	36	31.8
Ⅲ-D	C35	50	23.6	49.6	60.1	45	39.7
	≥C40	45	17.7	37.1	45	33.7	29.7
Ⅲ-E	C40	50	22.2	46.6	56.6	42.2	37.2
	≥C45	45	18.7	39.2	47.6	35.5	31.4
Ⅲ-F	≥C45	50	20	41.8	50.8	38	33.5

根据上表所示计算结果，绘制墩身混凝土在服役100年后，结构内氯离子侵蚀深度与《规范》规定的最小保护层厚度对比，见图 A-3。

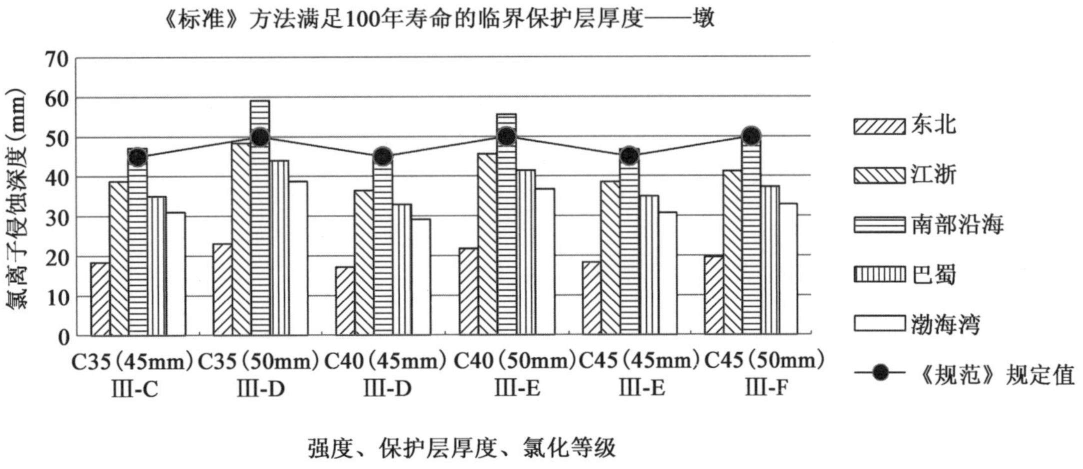

图 A-3 CECS 评定标准方法算得的氯离子侵蚀深度与《规范》最小保护层厚度对比（墩身混凝土）

③混凝土承台

混凝土承台构件混凝土强度等级、配合比及区域环境年平均温度等基本参数见表 A-9。

表 A-9 计算示例的混凝土承台及环境条件的基本参数

基本参数		参数取值				
环境参数	代表性区域	东北	江浙	南部沿海	巴蜀	渤海湾
	年平均温度 T（℃）	5	18	26	15	12
	环境类别	近海或海洋氯化物环境				
	环境作用等级	Ⅲ-C	Ⅲ-D		Ⅲ-E	Ⅲ-F
构件性能参数	混凝土强度等级	C30	C30	≥C35	C35	≥C40	≥C40
	水胶比 W/B	0.48	0.48	0.40	0.40	0.35	0.35
	粉煤灰掺量%FA	30%				
	设计使用年限（年）	100				

根据CECS评定标准方法的式（A.2.4）和式（A.2.5-1）~式（A.2.5-4），计算所用参数数据及计算结果见表A-10~表A-12。

表 A-10 部分环境条件参数表

环境作用等级	混凝土强度等级	M_{cr}（kg/m³）	M_s（kg/m³）	α
Ⅲ-C	C30	1.30	2.6400	0.44
Ⅲ-D	C30	1.30	4.0000	0.44
	≥C35	1.35	3.6000	0.44
Ⅲ-E	C35	1.35	7.0560	0.44
	≥C40	1.40	6.2720	0.44
Ⅲ-F	≥C40	1.40	8.0992	0.44

表 A-11 氯离子扩散系数表

环境作用等级	混凝土强度等级	氯离子扩散系数（m²/a）				
		东北	江浙	南部沿海	巴蜀	渤海湾
Ⅲ-C	C35	2.66×10^{-5}	1.17×10^{-4}	1.72×10^{-4}	9.60×10^{-5}	7.52×10^{-5}
Ⅲ-D	C35	2.66×10^{-5}	1.17×10^{-4}	1.72×10^{-4}	9.60×10^{-5}	7.52×10^{-5}
	≥C40	1.69×10^{-5}	7.42×10^{-5}	1.09×10^{-4}	6.09×10^{-5}	4.78×10^{-5}
Ⅲ-E	C40	1.69×10^{-5}	7.42×10^{-5}	1.09×10^{-4}	6.09×10^{-5}	4.78×10^{-5}
	≥C45	1.08×10^{-5}	4.76×10^{-5}	7.01×10^{-5}	3.91×10^{-5}	3.06×10^{-5}
Ⅲ-F	≥C45	1.08×10^{-5}	4.76×10^{-5}	7.01×10^{-5}	3.91×10^{-5}	3.06×10^{-5}

表 A-12 计算氯离子侵蚀深度与《规范》最小保护层厚度的对比

环境作用等级	混凝土强度等级	《规范》规定的最小保护层厚度（mm）	计算氯离子侵蚀深度（mm）				
			东北	江浙	南部沿海	巴蜀	渤海湾
Ⅲ-C	C35	65	26.1	54.8	66.5	49.6	43.9
Ⅲ-D	C35	70	31.3	65.5	79.5	59.3	52.6
	≥C40	65	23.6	49.6	60.1	45	39.7

续表 A-12

环境作用等级	混凝土强度等级	《规范》规定的最小保护层厚度（mm）	计算氯离子侵蚀深度（mm）				
			东北	江浙	南部沿海	巴蜀	渤海湾
Ⅲ-E	C40	70	28.7	60	73	54.5	48.2
	≥C45	65	22.2	46.5	56.5	42.2	37.3
Ⅲ-F	≥C45	70	23.5	49.1	59.8	38	39.4

根据上表所示计算结果，绘制承台混凝土在服役100年后，结构内氯离子侵蚀深度与《规范》规定的最小保护层厚度对比，见图A-4。

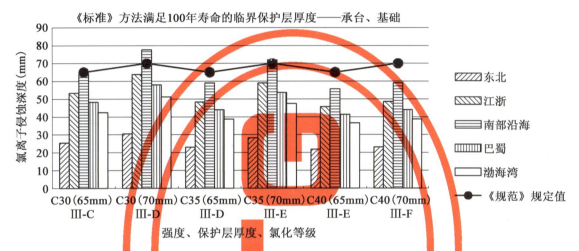

图 A-4　CECS 评定标准方法算得的氯离子侵蚀深度与《规范》最小保护层厚度对比（混凝土承台）

综上所述，结论如下：

①处于不同区域、不同环境作用等级下的氯离子侵蚀深度，均小于或等于《规范》规定的最小保护层厚度。这说明，当箱梁构件服役100年时，氯离子尚未侵蚀或刚刚到达受力钢筋表面，钢筋不会因为氯离子的侵蚀而产生锈蚀、膨胀。因此，方法1的计算结果证明：按照《规范》规定进行的耐久性设计，能够满足结构安全性能和耐久性能的要求。

②对比同一区域、同一环境作用等级（如C45/Ⅲ-D 和 C50/Ⅲ-D）的侵蚀深度发现：当混凝土强度等级提升时，氯离子侵蚀深度减小。这说明，方法1反映出混凝土强度等级的提升，其内部缺陷减少，抗渗透能力增加，氯离子的渗透深度随之减少。

③对比同一区域、同一混凝土强度等级（如C45/Ⅲ-C 和 C45/Ⅲ-D）的侵蚀深度发现：当环境作用等级提高时，氯离子侵蚀深度增加。这个结果很好地反映了客观实际，即：对于相同的混凝土材料，环境作用等级提高意味着空气或海水中的氯离子浓度增加，浓度梯度变大，对混凝土的侵蚀能力提升，因而侵蚀深度随之增大。

④不同区域间的氯离子侵蚀深度，基本遵循南部沿海＞江浙＞巴蜀＞渤海湾＞东北的规律。原因是CECS评定标准方法仅用年平均温度参数区分不同区域的环境条件，年平均温度影响氯离子扩散系数 D 的计算，进而影响氯离子侵蚀深度值。

本规范用词用语说明

1 本规范执行严格程度的用词，采用下列写法：

1）表示很严格，非这样做不可的用词，正面词采用"必须"，反面词采用"严禁"；

2）表示严格，在正常情况下均应这样做的用词，正面词采用"应"，反面词采用"不应"或"不得"；

3）表示允许稍有选择，在条件许可时首先应这样做的用词，正面词采用"宜"，反面词采用"不宜"；

4）表示有选择，在一定条件下可以这样做的用词，采用"可"。

2 引用标准的用语采用下列写法：

1）在标准总则中表述与相关标准的关系时，采用"除应符合本规范的规定外，尚应符合国家和行业现行有关标准的规定"。

2）在标准条文及其他规定中，当引用的标准为国家标准和行业标准时，表述为"应符合《×××××××》（×××）的有关规定"。

3）当引用本标准中的其他规定时，表述为"应符合本规范第×章的有关规定"、"应符合本规范第×.×节的有关规定"、"应符合本规范第×.×.×条的有关规定"或"应按本规范第×.×.×条的有关规定执行"。